Prüfungstraining für Jugendliche

Kopiervorlagen für das Testniveau A1 (DaF)

Fit in Deutsch 1
KID 1
TELC A1

von
Lidia Brandmiller-Witowska
Jolanta Kamińska

Langenscheidt

Prüfungstraining für Jugendliche. Kopiervorlagen für das Testniveau A1 (DaF)

Layout und Satz: Illustris FOTOSERWIS

Zeichnungen: Barbara Kuropiejska

Projektleitung: Barbara Urbańska

Bilder: BE&W 29, 61, Beata Dubiel 43; Illustris-Fotoserwis 31, 51, 63, 64; Kosycarz Foto Press 49; Małgorzata Mikołajczyk 23, 24, 33, 34, 39, 53, 54, 59; ThetaXstock 19, 59; Wojciech Urbański 44

CD
Sprecher/innen: Kristina Madejczyk, Birgit Sekulski, Dominik Watin und die Kinder aus der Willy-Brandt-Schule in Warschau: Julius Lücke, Karolina Stefaniak, Vivien Toledo, Lucas Umann.

Produktion und Schnitt: Studio I.M.I., Warschau

Regie: Kristina Madejczyk

Druck: COLONEL
Printed in Poland – **ISBN 978-468-47619-8**

Inhalt

1. Vorwort

In einer globalisierten Welt und im zusammenrückenden Europa werden Fremdsprachenkenntnisse immer wichtiger. Dabei nimmt Deutsch als zweite Fremdsprache nach dem allgegenwärtigen Englisch einen bedeutenden Platz ein.

Immer öfter beginnt deshalb für manche Schüler der Deutschunterricht schon in der Primarstufe, allerdings nicht unbedingt für alle, denn nicht immer gibt es einheitliche Regelungen innerhalb eines Landes. Wenn dann Schülerinnen und Schüler im Sekundarschulbereich (wieder) in der deutschen Sprache unterrichtet werden sollen, ist es für die Lehrkräfte hilfreich, ein Diagnoseinstrument zu haben, mit dem sie die unterschiedlichen Sprachkenntnisse bestimmen können. Auf dem Niveau A1 (nach dem *Gemeinsamen europäischen Referenzrahmen für Sprachen* des Europarates bzw. *Profile deutsch*) leisten das die Prüfungen *Fit in Deutsch 1* (Goethe-Institut) und *KID 1 (Kompetenz in Deutsch* – Österreich Institut). Diese Prüfungen wurden entwickelt, um lehrwerkübergreifend und unabhängig von geltenden Lehrplänen den Grad der Sprachbeherrschung zu testen: So können Lehrende und Lernende feststellen, ob man beim Erwerb der deutschen Sprache ein Etappenziel erreicht hat. Den gleichen Zweck erfüllt auch die entsprechende TELC-Prüfung.

Das vorliegende Buch legt den Schwerpunkt auf die Prüfungsvorbereitung für *Fit in Deutsch 1* und *KID 1* im engeren Sinn: Es macht in fünf Probetests (als Kopiervorlagen) auf dem Referenzniveau A1 mit den Aufgabenformaten für Hören, Lesen, Sprechen und Schreiben vertraut und bildet alle vorgeschriebenen Themenbereiche bzw. die dafür nötige Lexik und Grammatik praxisgerecht ab.

Jeder Probetest besteht aus einem schriftlichen und einem mündlichen Teil. Der schriftliche Teil benötigt 40 Minuten Zeit und ist in Hören (Global- und Detailverstehen), Lesen (Global- und Detailverstehen) und Schreiben (kommunikatives, stark gelenktes Schreiben) gegliedert. Besonderer Wert wird dem mündlichen Teil beigemessen, der drei Aufgaben umfasst und für zwei Prüflinge zehn Minuten lang dauert. Bei den Themen steht das Alltagsleben in der deutschsprachigen Umgebung im Vordergrund.

Obwohl jeder Test gleich aufgebaut ist, bietet er natürlich jeweils inhaltliche Varianten und bezieht entsprechende Illustrationen ein, die das spontane Verstehen der Thematik unterstützen. Jede Aufgabe variiert in den Formulierungen, damit die Prüflinge durch die Abwechslung zusätzlich geschult und angeregt werden.

Prüfungstraining für Jugendliche kann auch für das Selbststudium bzw. die Selbstevaluation genutzt werden. Die Lernenden können damit kontrollieren, wie sie mit den Testformaten zurechtkommen und ob sie sich den sprachlichen Anforderungen gewachsen fühlen.

Eine gute Prüfung soll die sprachlichen Leistungen der Lernenden möglichst genau erfassen, zuverlässig messen und objektiv bewerten. *Prüfungstraining für Jugendliche* entspricht diesen Erwartungen: Es bereitet die Schüler und Schülerinnen auf die erste Deutschprüfung ihres Lebens vor und überprüft, ob sie tatsächlich schon die Niveaustufe A1 erreicht haben.

Die Autorinnen

2. Das Referenzniveau A1

Im Referenzrahmen werden die globalen Lernziele für die Stufe A1 (*Elementare Sprachverwendung*) folgendermaßen beschrieben:

> Kann vertraute, alltägliche Ausdrücke und ganz einfache Sätze verstehen und verwenden, die auf die Befriedigung konkreter Bedürfnisse zielen. Kann sich und andere vorstellen und anderen Leuten Fragen zu ihrer Person stellen – z. B. wo sie wohnen, was für Leute sie kennen oder was für Dinge sie haben – und kann auf Fragen dieser Art Antwort geben. Kann sich auf einfache Art verständigen, wenn die Gesprächspartnerinnen oder Gesprächspartner langsam und deutlich sprechen und bereit sind zu helfen.

Ein detaillierter Überblick über die wichtigsten Kategorien der Sprachverwendung hilft dem Lernenden bei der Selbstbeurteilung von Sprachfertigkeiten in Bezug auf sein Kompetenzniveau.

Verstehen		Sprechen		Schreiben
Hören	Lesen	An Gesprächen teilnehmen	Zusammenhängendes Sprechen	Schreiben
Ich kann vertraute Wörter und ganz einfache Sätze verstehen, die sich auf mich selbst, meine Familie oder auf konkrete Dinge um mich herum beziehen, vorausgesetzt es wird langsam und deutlich gesprochen.	Ich kann einzelne vertraute Namen, Wörter und ganz einfache Sätze verstehen, z. B. auf Schildern, Plakaten oder in Katalogen.	Ich kann mich auf einfache Art verständigen, wenn mein Gesprächspartner bereit ist, etwas langsamer zu wiederholen oder anders zu sagen, und mir dabei hilft zu formulieren, was ich zu sagen versuche. Ich kann einfache Fragen stellen und beantworten, sofern es sich um unmittelbar notwendige Dinge und um sehr vertraute Themen handelt.	Ich kann einfache Wendungen und Sätze gebrauchen, um Leute, die ich kenne, zu beschreiben und um zu beschreiben, wo ich wohne.	Ich kann eine kurze einfache Postkarte schreiben, z. B. Feriengrüße. Ich kann auf Formularen, z. B. in Hotels, Namen, Adresse, Nationalität usw. eintragen.

Beurteilungsraster zur mündlichen Kommunikation

Spektrum	Korrektheit	Flüssigkeit	Interaktion	Kohärenz
hat ein sehr begrenztes Repertoire an Wörtern und Wendungen, die sich auf Informationen zur Person und einzelne konkrete Situationen beziehen.	zeigt nur eine begrenzte Beherrschung von einigen wenigen einfachen grammatischen Strukturen und Satzmustern in einem auswendig gelernten Repertoire.	Kann ganz kurze, isolierte, weitgehend vorgefertigte Äußerungen benutzen; braucht viele Pausen, um nach Ausdrücken zu suchen, weniger vertraute Wörter zu artikulieren oder um Verständigungsprobleme zu beheben.	Kann Fragen zur Person stellen und auf entsprechende Fragen Antwort geben. Kann sich auf einfache Art verständigen, doch ist die Kommunikation völlig davon abhängig, dass etwas langsamer wiederholt, umformuliert oder korrigiert wird.	Kann Wörter oder Wortgruppen durch einfache Konnektoren wie *und* oder *aber* verknüpfen.

Themenbereiche auf Niveau A1

Personalien, Informationen zur Person, z. B. Vorname, Nachname, Geburtsdatum und -ort, Staatsangehörigkeit, Adresse, Telefonnummer, Beruf

Menschlicher Körper, Gesundheit z. B. Körperteile, Körperpflege, Befinden

Familie, z. B. Familie, Verwandtschaft, Vorlieben

Freunde, z. B. Charakter, Kleidung, Hobbys

Wohnen, z. B. Zimmer, Möbel

Zahlen: Geld z. B. Preise, und **Termine**, z. B. Zeitangaben, Uhr-, Tages- und Jahreszeiten

Schule, z. B. Schulfächer, Schulsachen, Tätigkeiten

Essen, Trinken, z. B. Mahlzeiten, Getränke, Nahrungsmittel, Einkaufen

Freizeit, z. B. Interessen, Sportarten, Freizeitbeschäftigungen

Reisen, z. B. Wetter, Reiseziele, Fahrpläne, Verkehrsmittel

Medien, z. B. Fernsehen, Computer, Internet

Persönliche Beziehungen, z. B. Familienfest, Telefongespräch, Korrespondenz: E-Mail, SMS

3. Übersicht über die Tests

Jeder Test besteht aus einem schriftlichen und einem mündlichen Teil. Die beiden Teile können unabhängig voneinander durchgeführt werden.

Fertigkeit	Aufgaben-nummer	Textsorte	Prüfungsziel	Aufgabentyp	Punkte	Minuten
Schriftlicher Teil					**42**	**40**
Hören	1	sieben kurze Situationen mit charakteristischen Hintergrund-geräuschen	Globalverstehen	rezeptiv, zuordnen: Bild – Text Antwortauswahl	8	
	2	Nachricht auf dem Anrufbeantworter	Detailverstehen	reproduktiv, Antwortauswahl, hören und notieren	7	
					15	**8**
Lesen	3	kurzer Steckbrief	Globalverstehen		5	
	4	Bildergeschichte	Global- und Detailverstehen		5	
	5	Informationen aus zwei Quellen	Globalverstehen		5	
					15	**20**
Schreiben	6	persönlicher Brief, Einkaufsliste, Fragebogen	kommunikatives, stark gelenktes Schreiben		12	
					12	**12**
Mündlicher Teil					**18**	**10**
Sprechen	7	sich vorstellen	gelenktes Sprechen (monologisch)	Stichpunkte; Fragen beantworten	6	
	8	jemanden/etwas vorstellen	Beschreibung, gelenktes Sprechen (monologisch)	Sätze bilden	6	
	9	miteinander sprechen	freies Sprechen (dialogisch)	Rollenspiel mit Bildimpuls	6	
Gesamt					**60**	

4. Hinweise für Schülerinnen und Schüler

(Zum Übersetzen in die Muttersprache der Schüler)

Liebe Schülerin, lieber Schüler,

jetzt hast du die Möglichkeit, dich vor deiner Prüfung mit dem Prüfungsverfahren und der Art der Prüfungsaufgaben vertraut zu machen. Alle Aufgaben der folgenden Tests orientieren sich am Niveau A1. Jeder Test besteht aus zwei Teilen: dem schriftlichen Teil und dem mündlichen Teil.

Dein Erfolg hängt vor allem davon ab, dass du die Arbeitsanweisungen aufmerksam liest!

Der **schriftliche** Teil gliedert sich in die Teile *Hören*, *Lesen* und *Schreiben* mit unterschiedlichen Aufgaben.
Hören:
Aufgabe 1: Hier hörst du **nur einmal** sieben verschiedene Texte. Ordne die Texte den Bildern zu.
Aufgabe 2: Hier hörst du eine Nachricht von einem Anrufbeantworter. Notiere dir die wichtigsten Informationen oder markiere die richtigen Antworten.
Lesen:
Aufgabe 3: Finde die richtige Antwort zu den Fragen. Ein Foto hilft dir dabei.
Aufgabe 4: Schau dir eine Bildergeschichte an. Finde den richtigen Textteil zu jedem Bild.
Aufgabe 5: Lies aufmerksam zwei Texte. Markiere die richtigen Antworten.
Schreiben:
Aufgabe 6: Hier schreibst du einen Brief, einen Einkaufszettel oder füllst einen Fragebogen aus. Im Brief antwortest du auf bestimmte Fragen und schreibst etwas über dich.

Der **mündliche** Teil besteht aus drei Aufgaben.
Aufgabe 7: Stell dich nach bestimmten Stichpunkten vor oder beantworte die Fragen.
Aufgabe 8: Beschreibe eine Person oder einen Gegenstand auf einem Foto. Stichpunkte helfen dir dabei.
Aufgabe 9: Hier sprichst du mit einer Mitschülerin / einem Mitschüler zu einem bestimmten Thema. Im Gespräch begrüßt ihr einander, stellt jeweils zwei Fragen und gebt jeweils zwei Antworten. Dann verabschiedet ihr euch voneinander. Beim Sprechen helfen euch Bilder.

Im Lösungschlüssel findest du die Lösungen zu allen Aufgaben. Dein Deutschlehrer sollte dir jedoch beim mündlichen Teil helfen. Die von dir erreichte Punktzahl trägst du in deinen Auswertungsbogen ein. Mach das nach jedem Test. Die Analyse deiner Ergebnisse ermöglicht dir, dich selbst zu bewerten. Dann siehst du deinen Fortschritt beim Deutschlernen.

Viel Spaß und Erfolg!
Die Autorinnen

Mein Auswertungsbogen

Vorname und Name ....

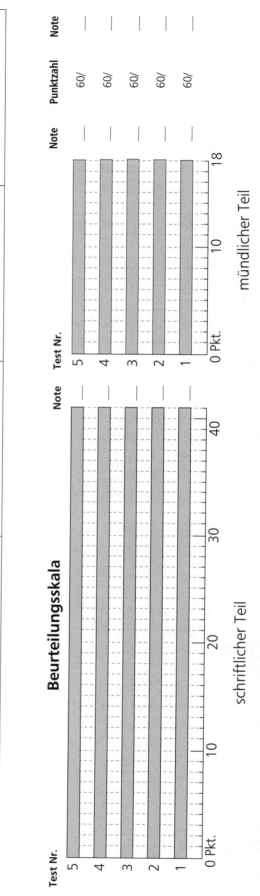

TEST 1

Aufgabe Nr.		Punktzahl
	Hören	
1		1 2 3 4 5 6 7 8
2		1 2 3 4 5 6 7
	Lesen	
3		1 2 3 4 5
4		1 2 3 4 5
5		1 2 3 4 5
	Schreiben	
6		1 2 3 4 5 6 / 7 8 9 10 11 12
	Sprechen	
7		1 2 3 4 5 6
8		1 2 3 4 5 6
9		1 2 3 4 5 6

TEST 2

Aufgabe Nr.		Punktzahl
	Hören	
1		1 2 3 4 5 6 7 8
2		1 2 3 4 5 6 7
	Lesen	
3		1 2 3 4 5
4		1 2 3 4 5
5		1 2 3 4 5
	Schreiben	
6		1 2 3 4 5 6 / 7 8 9 10 11 12
	Sprechen	
7		1 2 3 4 5 6
8		1 2 3 4 5 6
9		1 2 3 4 5 6

TEST 3

Aufgabe Nr.		Punktzahl
	Hören	
1		1 2 3 4 5 6 7 8
2		1 2 3 4 5 6 7
	Lesen	
3		1 2 3 4 5
4		1 2 3 4 5
5		1 2 3 4 5
	Schreiben	
6		1 2 3 4 5 6 / 7 8 9 10 11 12
	Sprechen	
7		1 2 3 4 5 6
8		1 2 3 4 5 6
9		1 2 3 4 5 6

TEST 4

Aufgabe Nr.		Punktzahl
	Hören	
1		1 2 3 4 5 6 7 8
2		1 2 3 4 5 6 7
	Lesen	
3		1 2 3 4 5
4		1 2 3 4 5
5		1 2 3 4 5
	Schreiben	
6		1 2 3 4 5 6 / 7 8 9 10 11 12
	Sprechen	
7		1 2 3 4 5 6
8		1 2 3 4 5 6
9		1 2 3 4 5 6

TEST 5

Aufgabe Nr.		Punktzahl
	Hören	
1		1 2 3 4 5 6 7 8
2		1 2 3 4 5 6 7
	Lesen	
3		1 2 3 4 5
4		1 2 3 4 5
5		1 2 3 4 5
	Schreiben	
6		1 2 3 4 5 6 / 7 8 9 10 11 12
	Sprechen	
7		1 2 3 4 5 6
8		1 2 3 4 5 6
9		1 2 3 4 5 6

Beurteilungsskala

schriftlicher Teil

mündlicher Teil

5. Hinweise für Lehrerinnen und Lehrer

Das *Prüfungstraining für Jugendliche* wurde entwickelt,
– um Schülerinnen und Schüler ab ca. elf Jahren zu ermutigen, ihre ersten Deutschkenntnisse mit einem Sprachzertifikat für das Niveau A1 dokumentieren zu lassen und
– um Lehrern ein Diagnoseinstrument für die Einstufung ihrer Deutschlernenden an die Hand zu geben.
Voraussetzung für das Erreichen des Niveaus A1 bzw. das Bestehen der Übungstests sind mindestens 110–130 Unterrichtseinheiten.

Jeder der vorliegenden Tests besteht aus einem schriftlichen und einem mündlichen Teil. Die Aufgabenkartei (Seite 13) enthält ausführliche Informationen zu den Testaufgaben.

Der schriftliche Teil

Er dauert ca. 40 Minuten und kann also innerhalb einer Unterrichtseinheit stattfinden. Wird er gemäß den realen Prüfungsbestimmungen durchgeführt, sitzen die Schüler getrennt, z. B. pro Tisch eine Person, und dürfen weder miteinander sprechen noch Hilfsmittel wie Wörterbücher etc. benutzen.

Zur **Vorbereitung** empfiehlt es sich, die „Hinweise für Schülerinnen und Schüler" (Seite 9) in die Muttersprache der Lernenden zu übersetzen und ihnen auszuhändigen bzw. mit ihnen vorab durchzusprechen. Alternativ können die Arbeitsanweisungen in den Tests in die Ausgangssprache übersetzt werden.

Ebenfalls vorab vorstellen und besprechen kann die Lehrkraft ggf. einzelne Darstellungselemente, z. B. die Pfeile in den Bildergeschichten oder bei den Sprechkarten. Aufmerksam machen kann man die Prüflinge auch auf das Alternativangebot *mein Freund / meine Freundin* im Aufgabentyp 6: Hier sollen sie im Brief *meine Freundin* durchstreichen, wenn sie einen *Freund* beschreiben und umgekehrt.

Im Verlauf des Tests dürfen keine Fragen zu den Aufgabeninhalten gestellt werden!

Jeder Test beginnt jeweils mit dem Teil **Hören**, weil hier durch das Abspielen der Höraufgaben ein gemeinsames Tempo vorgegeben ist. Die Schüler haben zunächst 30 Sekunden Zeit, sich mit der Aufgabenstellung vertraut zu machen. (Sollte es in einer Klasse Lernende mit spezifischen Schwierigkeiten beim Lesen geben, kann fürs Durchlesen der Aufgabe mehr Zeit – bis zu einer Minute – eingeräumt werden.) Die Lehrkraft koordiniert die Arbeit mit der Aufnahme, indem sie das Abspielgerät ein- und ausschaltet; danach arbeiten die Prüflinge im ihrem eigenen Rhythmus weiter (Aufgaben zum **Lesen** und **Schreiben**).

Der mündliche Teil

Die mündliche Prüfung wird als zehnminütige Partnerprüfung vor einem Zwei-Personen-Ausschuss durchgeführt. Zur **Vorbereitung** empfiehlt es sich auch hier, falls nicht schon vor dem schriftlichen Teil geschehen, die „Hinweise für Schülerinnen und Schüler" (Seite 9) in die Muttersprache der Lernenden zu übersetzen und zu besprechen.

Die Schüler erhalten gleichzeitig ihre Prüfungsblätter und lösen gemeinsam und nacheinander die Aufgaben. Dabei fängt immer Partner A an. Wenn er / sie mit Aufgabe 7 fertig ist, kommt Partner B an die Reihe. Das jeweilige Paar hat dafür zehn Minuten Zeit.

Erfahrungsgemäß haben viele Prüflinge mit dem mündlichen Teil mehr Schwierigkeiten als mit dem schriftlichen. Wir geben deshalb im Folgenden noch einige Hinweise zu den Sprechaufgaben vor dem Hintergrund unsere praktischen Testerfahrungen:

Aufgabe 7 und 8: Hier sollen sich die Schülerinnen und Schüler nach den vorgegebenen Stichpunkten vorstellen. Viele von ihnen sagen dann nur ihren Vornamen, obwohl in der Aufgabe ausdrücklich nach Vor- und Nachnamen gefragt wird. Ähnlich ist es bei der Adresse, wo oft nur der Wohnort genannt wird. Schließlich machen sich generell bei den Sprechaufgaben charakteristische Interferenzen bemerkbar, wenn die Prüflinge schon Englisch gelernt haben.

Aufgabe 9: Manchmal sind Schüler von der Tatsache überrascht, dass sie miteinander und nicht mit der Prüferin / dem Prüfer sprechen sollen. Typische Versäumnisse sind auch hier Auslassungen wie das Bedanken zum Schluss oder die Verabschiedung.

Und schließlich noch ein praktischer Hinweis: Rechts bzw. links oberhalb jeder Aufgabe steht ein diagonal geteiltes Quadrat. Im unteren Teil ist die maximale Punktzahl für die jeweilige Aufgabe eingetragen; der obere Teil ist dafür vorgesehen, die vom Prüfling tatsächlich erreichte Punktzahl einzutragen.

Nun wünschen wir allen Prüfungskandidaten viel Erfolg und allen Prüferinnen und Prüfern gute Ergebnisse!

Testschema

Fertigkeiten	Aufgabe	Schüler/in	Ziele	Anforderungen	Tätigkeiten	Aufgabentyp	Punktzahl
Schriftlicher Teil							
Hören	1	versteht allgmeine Informationen	B	N	8	AA	8
	2	versteht einzelne Informationen	C	G	7		7
Lesen	3	ordnet Fragen den Antworten zu	B	G	5	AA	5
	4	ordnet Texte den Bildern zu	C	E	5		5
	5	analysiert zwei Informationsquellen	D	V	5		5
Schreiben	6	textet gemäß dem Muster einen Brief, füllt einen Fragebogen aus, stellt eine Einkaufsliste zusammen	C	G	6	kA	12
Mündlicher Teil							
Sprechen	7	stellt sich gemäß den Stichpunkten vor	B	N	6	M	6
	8	beschreibt jdn / etwas	C	G	6	M	6
	9	führt ein Gespräch zum vorgeschriebenen Thema	C	E	6	PG	6
					54		60

Ziele:

> *B – Wissen und Verstehen*
> *C – Anwenden in typischen Situationen*
> *D – Anwenden in untypischen Situationen*

Anforderungsstufe:

> *N – nötige Inhalte / Anforderungen*
> *G – grundlegende Inhalte / Anforderungen*
> *E – erweiterte Inhalte / Anforderungen*
> *V – vollständige Inhalte / Anforderungen*

Aufgabentyp:

> *AA – Antwortauswahl*
> *kA – kurze Antwort*
> *M – Monolog*
> *PG – Partnergespräch*

Bewertung

Die erreichten Punkte werden nach folgendem Schlüssel in eine verbale Beurteilung umgewandelt.

Beurteilungsskala zum schriftlichen Teil
sehr gut bestanden	42 – 38 Punkte
gut bestanden	37 – 32 Punkte
bestanden	31 – 21 Punkte
nicht bestanden	20 – 0 Punkte

Beurteilungsskala zum mündlichen Teil
sehr gut bestanden	18 – 16 Punkte
gut bestanden	15 – 14 Punkte
bestanden	13 – 9 Punkte
nicht bestanden	8 – 0 Punkte

Beurteilungsskala zum schriftlichen und mündlichen Teil
sehr gut bestanden	60 – 54 Punkte
gut bestanden	53 – 45 Punkte
bestanden	44 – 30 Punkte
nicht bestanden	29 – 0 Punkte

6. Tests – Niveau A1

Test 1

1. Aufgabe ⏺²

Lies Aufgabe 1 gut durch. Du hast 30 Sekunden Zeit dafür.
Du hörst 7 verschiedene Texte nur einmal. Welcher Text passt zu welchem Bild? Schreib die
Nummer des Textes in das Kästchen unter dem Bild.
Achtung: Es gibt ein Bild zu viel. Schreib „0" dorthin!
Für jede richtige Antwort bekommst du 1 Punkt.

Was hörst du?

A ☐ eine Dusche

E ☐ ein Fenster

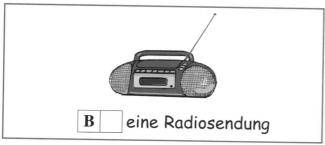

B ☐ eine Radiosendung

F ☐ eine Schulglocke

C ☐ ein Tier

G ☐ eine Gitarre

D ☐ einen Zug

H ☐ ein Telefon

7

2. Aufgabe $\overset{\circ}{3}$

Du warst letzte Woche nicht in der Schule. Dein Freund Martin ruft dich an und hinterlässt dir eine Nachricht auf dem Anrufbeantworter. Du hörst den Text zweimal. Hör gut zu und kreuze jeweils die richtige Antwort (**A**, **B** oder **C**) an!
Für jede richtige Antwort bekommst du 1 Punkt.

1. Die Schüler haben die Klassenarbeit   **A** in Mathe geschrieben.

  B in Deutsch geschrieben.

  C in Bio geschrieben.

2. Die Klassenarbeit war   **A** sehr kurz.

  B sehr leicht.

  C sehr schwer.

3. In Bio musst du Aufgabe 3   **A** auf Seite 27 machen.

  B auf Seite 46 machen.

  C auf Seite 58 machen.

4. Den Test in Englisch schreiben die Schüler   **A** am Dienstag.

  B am Donnerstag.

  C am Freitag.

5. In Englisch musst du   **A** einen Text lesen.

  B einen Dialog lesen.

  C ein Gedicht lesen.

6. Für Kunst musst du   **A** Farbstifte mitnehmen.

  B eine Schere mitnehmen.

  C einen Malkasten mitnehmen.

7. Am Mittwoch gehen die Schüler   **A** ins Kino.

  B ins Museum.

  C ins Theater.

3. Aufgabe

Die Schüler sprechen in der Schule über ihre Eltern. Paul beantwortet ein paar Fragen seiner Schulfreunde. Finde die richtige Antwort (A–G) zu den Fragen. Lies dir das Beispiel gut durch.
Achtung: Eine Antwort ist zu viel!
Für jede richtige Antwort bekommst du 1 Punkt.

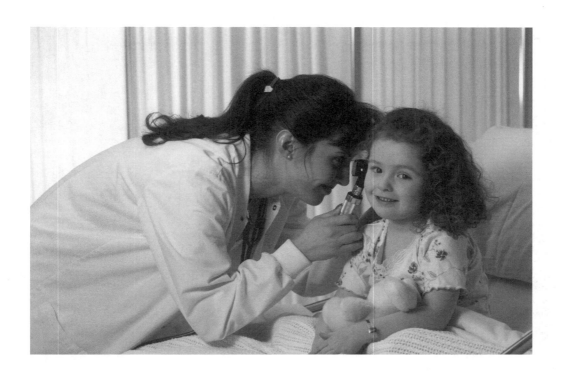

Fragen:	**Antworten:**		A	Ulrike
BEISPIEL: Wer ist das?	F		B	Im September
1. Was ist sie von Beruf?	___		C	Ärztin
2. Wie heißt sie?	___		D	Film und Musik
3. Wie alt ist sie?	___		E	165 cm
4. Wann hat sie Geburtstag?	___		~~F~~	Meine Mutter
5. Was ist ihr Hobby?	___		G	35 Jahre

5

4. Aufgabe

Hier ist eine Bildergeschichte über Martha und ihren Hund. Welcher Textteil A–F passt zu welchem Bild? Lies dir das Beispiel gut durch. Schreib den richtigen Buchstaben (A–F) unter das Bild.
Für jede richtige Antwort bekommst du 1 Punkt.

Mein Hund ist krank

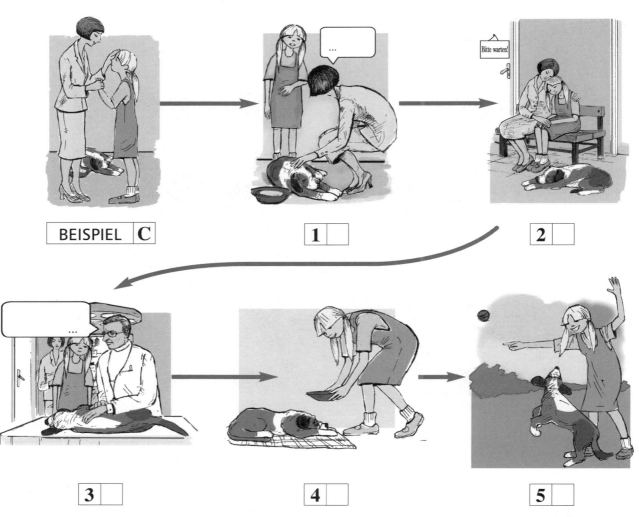

A	Nach zwei Tagen ist Timo gesund. Er kann wieder mit Martha spielen.
B	Martha und ihre Mutter sind im Warteraum.
~~C~~	„Mutti, Timo will nicht mehr spielen. Was ist denn mit ihm los?"
D	Zu Hause trinkt Timo nur Wasser. Das tut ihm gut.
E	„Martha, dein Timo hat Fieber. Er bekommt von mir ein Medikament. In zwei Tagen ist er wieder gesund. Mach dir bitte keine Sorgen mehr!"
F	„Na ja, er hat nichts gefressen. Er ist bestimmt krank. Wir müssen mit ihm zum Tierarzt."

5. Aufgabe

Lies den Text und den Speiseplan und schau dir das Beispiel an! Kreuze dann die jeweils richtige Antwort (**A, oder B, C**) an!

Für jede richtige Antwort bekommst du 1 Punkt.

*Speiseplan für
Mittwoch, den 12. Juli 200...
Mittagessen 12.00 – 14.00*

*Gemüsesuppe/Tomatensuppe
Hähnchen, Kotelett
Kartoffeln, Pommes frites, Reis,
Salat, Spinat
Orangensaft, Mineralwasser
Eis mit Schlagsahne/Apfelkuchen*

Der Speiseplan

*Ida und Markus lesen den Speiseplan für heute.
Mmh, das Mittagessen schmeckt gut!
Ida isst eine Tomatensuppe.
Sie nimmt noch ein Kotelett mit Reis und Spinat,
denn sie hat Hunger. Sie mag keinen
Orangensaft, nur Mineralwasser.
Markus isst Hähnchen mit Pommes frites und
Salat. Er nimmt heute keine Suppe, aber er trinkt
viel Mineralwasser.
Zum Nachtisch essen beide Apfelkuchen.*

BEISPIEL: Der Speiseplan ist für ☒ heute.

                                             B morgen.

                                             C übermorgen.

1. Der zwölfte Juli ist **A** am Montag.

                                   B am Dienstag.

                                   C am Mittwoch.

2. Ida und Markus essen das Mittagessen **A** um 11.00 Uhr.

                                                                      B um 13.00 Uhr.

                                                                      C um 15.00 Uhr.

3. Ida nimmt **A** Hähnchen mit Pommes frites und Salat.

                          B Kotelett mit Kartoffeln und Spinat.

                          C Kotelett mit Reis und Spinat.

4. Markus isst **A** Suppe.

                       B Salat.

                       C Spinat.

5. Ida und Markus trinken zum Mittagessen **A** Orangensaft.

                                                          B Mineralwasser.

                                                         C Apfelsaft.

6. Aufgabe

Du bekommst einen Brief von Georg. Er beschreibt dir seinen Freund.

> *Hey,*
>
> *du hast mich nach meinem Freund gefragt. Er heißt Boris und kommt aus Russland. Er hat einen Hund wie ich. Boris hat blonde Haare und ist sehr sympathisch. Er ist ein Computerfan und wir gehen oft ins Internetcafé. Wir spielen auch Fußball zusammen.*
> *Du hast bestimmt eine Freundin oder einen Freund. Was macht ihr denn zusammen?*
>
> *Bis bald!*
>
> *Georg*

Antworte und beschreibe deinen Freund / deine Freundin!
Für jede richtige Antwort bekommst du 2 Punkte.

1. Wie heißt deine Freundin / dein Freund?
2. Wie sind ihre / seine Haare?
3. Wie ist sie / er?
4. Welches Tier hat sie / er?
5. Was ist ihr / sein Hobby?
6. Beantworte die Frage von Georg!

Hey Georg,

meine Freundin / mein Freund _____

_____

_____

_____

Tschüs!

_____

Partner A

7. Aufgabe

Sprich jetzt über dich (1– 6).
Für jeden richtigen Satz mit Information bekommst du 1 Punkt.

1. Vorname, Name
2. Alter
3. Land
4. Wohnort
5. Telefonnummer
6. Hobby / Hobbys

8. Aufgabe

Schau dir das Foto an und lies die Informationen unten. Beschreibe dann die Person.
Für jeden richtigen Satz mit Information bekommst du 1 Punkt.

- Heike Bruck
- Zürich
- 37 Jahre
- Sekretärin
- 2 Kinder
- Rad fahren

6 Partner B

7. Aufgabe

Sprich jetzt über dich (1– 6).
Für jeden richtigen Satz mit Information bekommst du 1 Punkt.

1. Vorname, Name
2. Alter
3. Land
4. Adresse
5. Telefonnummer
6. Hobby / Hobbys

6

8. Aufgabe

Schau dir das Foto an und lies Informationen unten. Beschreibe dann die Person.
Für jeden richtigen Satz mit Information bekommst du 1 Punkt.

- Sabine Reuter
- Österreich
- 32 Jahre
- Lehrerin
- 3 Kinder
- Ski fahren

Partner A

9. Aufgabe

Du möchtest mit deinem Freund / deiner Freundin über die Freizeit sprechen. Hier hast du ein paar Vorschläge, was ihr machen könnt. Das Bild mit dem Fragezeichen – das ist deine Frage. Das Bild ohne Fragezeichen – das ist deine Antwort.

Begrüße zuerst deinen Gesprächspartner / deine Gesprächspartnerin und stelle dann eine Frage zum Bild Nr. 1.

6

Partner B

9. Aufgabe

Du möchtest mit deinem Freund / deiner Freundin über die Freizeit sprechen. Hier hast du ein paar Vorschläge, was ihr machen könnt. Das Bild mit dem Fragezeichen – das ist deine Frage. Das Bild ohne Fragezeichen – das ist deine Antwort.

Beantworte die Frage deines Gesprächspartners / deiner Gesprächspartnerin und stelle dann eine Frage zum Bild Nr. 2.

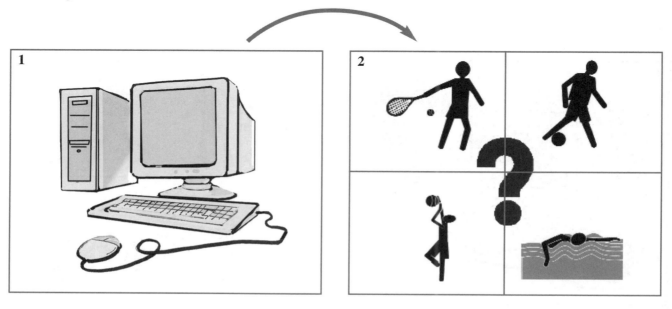

Bedanke dich für das Gespräch und verabschiede dich von ihm / ihr.

Test 2

1. Aufgabe ④

Lies Aufgabe 1 gut durch. Du hast 30 Sekunden Zeit dafür.
Du hörst 7 verschiedene Texte nur einmal. Welcher Text passt zu welchem Bild? Schreib die Nummer des Textes in das Kästchen unter dem Bild.
Achtung: Es gibt ein Bild zu viel. Schreib „0" dorthin!
Für jede richtige Antwort bekommst du 1 Punkt.

Was machen die Leute?

A ☐ Sie gehen ins Kino.

E ☐ Sie arbeiten am Computer.

B ☐ Sie arbeiten im Garten.

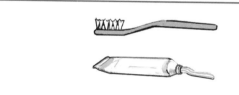

F ☐ Sie putzen die Zähne.

C ☐ Sie frühstücken.

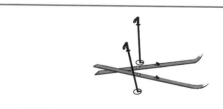

G ☐ Sie laufen Ski.

D ☐ Sie besuchen Freunde.

H ☐ Sie lesen eine Zeitung.

7

2. Aufgabe ⏺

Deine Klasse organisiert ein Schulfest. Deine Freundin Monika ruft dich an und hinterlässt dir eine Nachricht auf dem Anrufbeantworter. Du hörst den Text zweimal. Hör gut zu und notiere die Informationen!
Für jede richtige Information bekommst du 1 Punkt.

1. Datum: am _____. Mai

2. Tag: am _____

3. Zeit: um _____ Uhr

4. Ort: in der _____

5. Programm: _____

6. Kaufen: _____

7. Geld: _____ Euro

3. Aufgabe

Die Schüler sprechen in der Schule über ihre Geschwister. Michael beantwortet ein paar Fragen seiner Schulfreunde. Finde die richtige Antwort (A–G) zu den Fragen. Lies dir das Beispiel gut durch.

Achtung: Eine Antwort ist zu viel!

Für jede richtige Antwort bekommst du 1 Punkt.

	Fragen:	**Antworten:**		
			A	Studentin
BEISPIEL:	Wer ist das?	E	B	Einkäufe
	1. Wie heißt sie?	____	C	20 Jahre
	2. Was ist sie von Beruf?	____	D	Ins Kino
	3. Wie sieht sie aus?	____	~~E~~	Meine Schwester
	4. Was macht sie gern?	____	F	Schön und jung
	5. Wohin geht sie gern?	____	G	Claudia

5

4. Aufgabe

Hier ist eine Bildergeschichte über Manfred. Welcher Textteil A–F passt zu welchem Bild? Lies dir das Beispiel gut durch. Schreib den richtigen Buchstaben (A–F) unter das Bild.
Für jede richtige Antwort bekommst du 1 Punkt.

Am Morgen

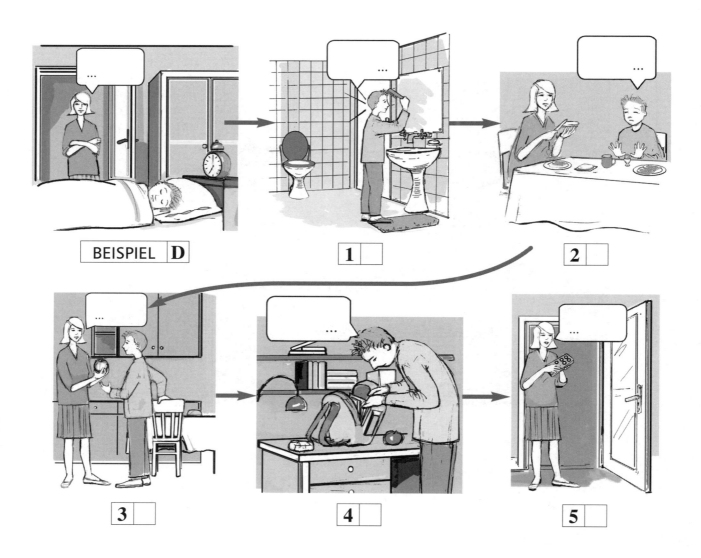

BEISPIEL	D
1	
2	
3	
4	
5	

A	„Beeil dich! Dein Bruder muss sofort auf die Toilette!"
B	„Mutti, wo ist mein Malkasten? Hast du ihn gesehen? Ich hab' heute Kunst."
C	„Hier hast du ein Pausenbrot. Nimm doch bitte den Apfel mit!"
D̶	„Manfred! Steh doch auf! Es ist schon sieben!"
E	„Hier hast du deinen Malkasten. Beeil dich, sonst kommst du zu spät!"
F	„Mutti, ich esse noch ein Schinkenbrot, aber kein Ei mehr!"

5. Aufgabe

Lies den Text und schau dir das Zoo-Plakat und das Beispiel an. Kreuze dann die jeweils richtige Antwort (**A**, **B** oder **C**) an!
Für jede richtige Antwort bekommst du 1 Punkt.

Im Tiergarten

Im Sommer gehen alle Kinder gern in den Tiergarten. Kristine (12) mag Tiere sehr. Oft geht sie mit ihren Großeltern in den Zoo. Sie besuchen beliebte Tierfamilien: Elefanten, Löwen und Bären. Diese Tiere sind sehr groß. Aber Kristine besucht auch gern einen Tiger. Er heißt Theo und frisst viel Fleisch. Kristine mag kein Fleisch, sie isst lieber Eis. Der Opa kauft ihr immer im Tiergartencafé eine Portion Eis.

BEISPIEL: Die Kinder gehen gern in den Tiergarten:
 A im Frühling
 B im Sommer
 C im Herbst

1. Der Zoo ist am Wochenende geöffnet:
 A von neun bis neunzehn Uhr
 B von zehn bis siebzehn Uhr
 C von elf bis neunzehn Uhr

2. Kristine zahlt für ihre Eintrittskarte:
 A nichts
 B 6,50€
 C 8,50€

3. Sie besucht den Tiergarten:
 A mit den Großeltern
 B mit dem Opa
 C mit den Eltern

4. Der Tiger Theo mag sehr:
 A frische Fische
 B Obst und Gemüse
 C viel Fleisch

5. Der Opa kauft für Kristine:
 A ein Stück Kuchen
 B eine Portion Eis
 C eine Portion Schlagsahne

12

6. Aufgabe

Du bekommst einen Brief von Jutta. Sie beschreibt dir ihre Schule.

> Hallo,
> ich besuche ein Gymnasium in München. Die Schule ist sehr groß, aber die Klassen sind klein. Mein Lieblingsfach ist Kunst. Ich bin sehr gut in Kunst. Ich habe eine Eins! In Mathe bin ich leider nicht so gut. Ich habe eine Vier. Aber ich mag meine Mathelehrerin sehr. Sie ist immer freundlich und nett.
>
> Bis bald!
>
> Jutta

Antworte und beschreibe deine Schule!
Für jede richtige Antwort bekommst du 2 Punkte.

1. Welche Schule besuchst du?
2. Wie ist deine Schule?
3. In welchem Fach bist du gut?
4. In welchem Fach bist du nicht so gut?
5. Wie ist deine Klasse?
6. Wen magst du in der Schule?

Hallo Jutta,

ich besuche _____

_____

_____

_____

_____

Tschüs!

_____

Partner A

7. Aufgabe

Sprich jetzt über dich (1–6).
Für jede richtige Antwort bekommst du 1 Punkt.

1. Wie ist dein Name?
2. Wie alt bist du?
3. Wo wohnst du?
4. Welche Schule besuchst du?
5. Was magst du?
6. Wie ist deine E-Mail-Adresse?

8. Aufgabe

Schau dir das Foto an und lies die Informationen unten. Beschreibe dann die Person.
Für jeden richtigen Satz mit Information bekommst du 1 Punkt.

- Anton Neumann
- Österreich
- 76 Jahre
- Rentner
- viel Zeit
- gern lesen

6 **Partner B**

7. Aufgabe

Sprich jetzt über dich (1– 6).
Für jede richtige Antwort bekommst du 1 Punkt.

1. Wie heißt du?
2. Wie alt bist du?
3. Wie ist deine Adresse?
4. In welche Klasse gehst du?
5. Was machst du gern?
6. Wie ist deine E-Mail-Adresse?

6

8. Aufgabe

Schau dir das Foto an und lies die Informationen unten. Beschreibe dann die Person.
Für jeden richtigen Satz mit Information bekommst du 1 Punkt.

- Helmut Schwarz
- Köln
- 72 Jahre
- Rentner
- viele Hobbys
- Schach spielen

Partner A

9. Aufgabe

Du möchtest mit deinem Freund/deiner Freundin über gemeinsame Einkäufe sprechen. Hier hast du ein paar Vorschläge, was ihr machen könnt. Das Bild mit dem Fragezeichen – das ist deine Frage. Das Bild ohne Fragezeichen – das ist deine Antwort.

Begrüße zuerst deinen Gesprächspartner/deine Gesprächspartnerin und stelle dann eine Frage zum Bild Nr. 1.

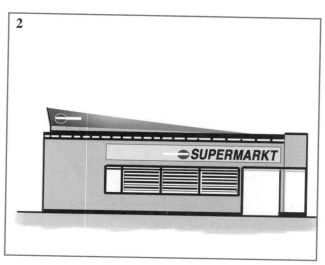

6 Partner B

9. Aufgabe

Du möchtest mit deinem Freund / deiner Freundin über gemeinsame Einkäufe sprechen. Hier hast du ein paar Vorschläge, was ihr machen könnt. Das Bild mit dem Fragezeichen – das ist deine Frage. Das Bild ohne Fragezeichen – das ist deine Antwort.

Beantworte die Frage deines Gesprächspartners / deiner Gesprächspartnerin und stelle dann eine Frage zum Bild Nr. 2.

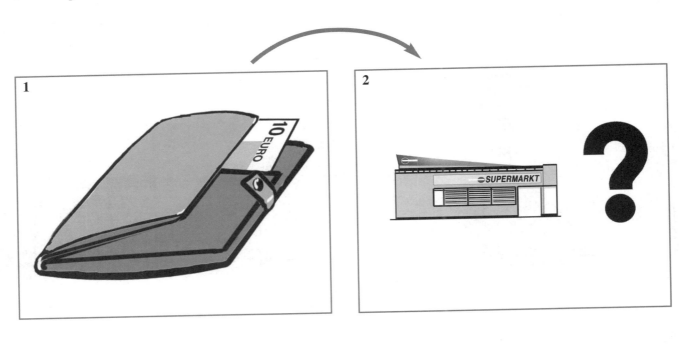

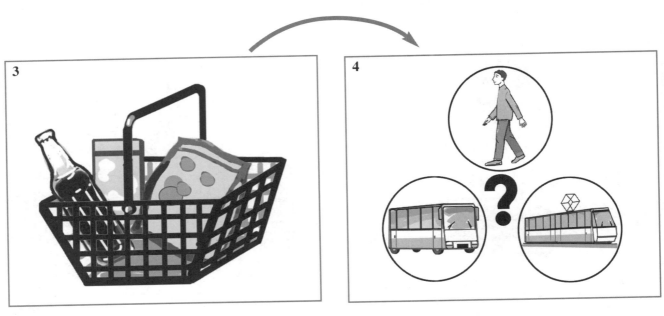

Bedanke dich für das Gespräch und verabschiede dich von ihm / ihr.

Test 3

1. Aufgabe 🅒6

Lies Aufgabe 1 gut durch. Du hast 30 Sekunden Zeit dafür.
Du hörst 7 verschiedene Texte nur einmal. Welcher Text passt zu welchem Bild? Schreib die Nummer des Textes in das Kästchen unter dem Bild.
Achtung: Es gibt ein Bild zu viel. Schreib „0" dorthin!
Für jede richtige Antwort bekommst du 1 Punkt.

Wo ist das?

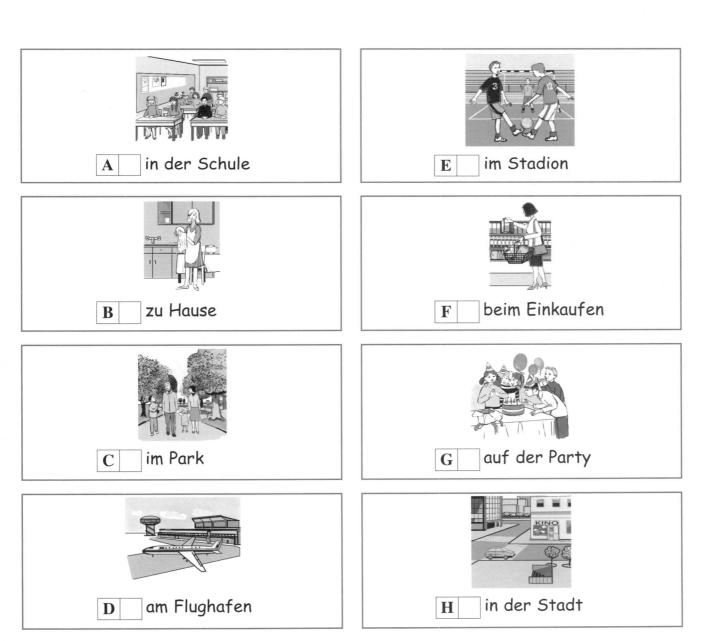

A   in der Schule

E   im Stadion

B   zu Hause

F   beim Einkaufen

C   im Park

G   auf der Party

D   am Flughafen

H   in der Stadt

7

2. Aufgabe 🎧

Deine Klasse organisiert einen Ausflug. Dein Freund Lukas ruft dich an und hinterlässt dir eine Nachricht auf dem Anrufbeantworter. Du hörst den Text zweimal. Hör gut zu und notiere die Informationen!
Für jede richtige Information bekommst du 1 Punkt.

1. Wann: am Dienstag, den _____. Mai

2. Womit: mit dem _____

3. Wo: im _____

4. Um wie viel Uhr: um _____ Uhr

5. Wer noch: 2 _____

6. / 7. Telefonnummer von Lukas: 833 _____ _____

3. Aufgabe

Die Schüler sprechen in der Schule über ihre Lehrer. Kerstin beantwortet ein paar Fragen ihrer Schulfreunde. Finde die richtige Antwort (A–G) zu den Fragen. Lies dir das Beispiel gut durch.
Achtung: Eine Antwort ist zu viel!
Für jede richtige Antwort bekommst du 1 Punkt.

Fragen:		**Antworten:**
BEISPIEL:	Wer ist das?	F
	1. Was lehrt sie?	___
	2. Welche Tiere mag sie?	___
	3. Wohin geht sie gern?	___
	4. Wie ist sie?	___
	5. Was liest sie gern?	___

A	Freundlich
B	Ins Theater
C	Autos
D	Biologie
E	Bücher
F̶	Frau Schmidt
G	Pferde

5

4. Aufgabe

Hier ist eine Bildergeschichte über Klaus. Welcher Textteil A–F passt zu welchem Bild? Lies dir das Beispiel gut durch. Schreib den richtigen Buchstaben (A–F) unter das Bild.
Für jede richtige Antwort bekommst du 1 Punkt.

Ein Computerspiel

BEISPIEL **F** 1 2 3 4 5

A	„Oh, was ist denn jetzt los? Ist der Computer kaputt? Ich rufe Jochen an. Er hilft mir sicher."
B	„Vorsicht! Die Suppe ist sehr heiß."
C	„Das Spiel ist gut und gefällt mir sehr!"
D	„Jochen, danke für deine Hilfe. Du bist ja wirklich toll."
E	„Sitzt du wieder am Computer? Komm, das Mittagessen ist fertig."
~~F~~	„Hier hast du mein Computerspiel, aber nur bis Montag. Es ist neu."

5. Aufgabe

Lies den Text und die Leserkarte. Schau dir das Beispiel an. Kreuze dann die jeweils richtige Antwort (**A**, **B** oder **C**) an!
Für jede richtige Antwort bekommst du 1 Punkt.

Schulbibliothek

Leserkarte

Name:..

Vorname: ....

Geburtsdatum: ....

Klasse:...

Telefonnummer:.....................................

....
Datum   Unterschrift

Liebe Schülerin/Lieber Schüler,
in der Schule gibt es eine Bibliothek und einen Lesesaal. Hier arbeiten zwei Bibliothekarinnen: Frau Kemke und Frau Schulze. Sie sind sehr nett und helfen jedem Schüler gern.
Die Bibliothek ist dienstags bis freitags geöffnet, aber montags ist sie geschlossen. Die Schüler können hierher von 8.00 Uhr bis 15.00 Uhr kommen. Alle Schüler können zwei Bücher nach Hause mitnehmen und sie drei Wochen lang lesen. Sie müssen eine Leserkarte dafür haben.

BEISPIEL: In der Bibliothek arbeiten:
- **A** eine Frau und ein Mann
- **B** zwei Frauen ✗
- **C** zwei Männer

1. In die Leserkarte schreibt der Schüler:
- **A** Name, Vorname, Adresse
- **B** Geburtsort, Geburtsdatum
- **C** Name, Vorname, Klasse

2. Die Bibliothek ist geschlossen:
- **A** am Montag
- **B** am Mittwoch
- **C** am Freitag

3. Die Bücher kann man mitnehmen:
- **A** von acht bis dreizehn Uhr
- **B** von neun bis zwölf Uhr
- **C** von acht bis fünfzehn Uhr

4. Der Schüler kann mitnehmen:
- **A** eine Zeitschrift
- **B** zwei Bücher
- **C** drei Bücher

5. Der Schüler kann die Bücher zu Hause haben:
- **A** eine Woche
- **B** zwei Wochen
- **C** drei Wochen

12

6. Aufgabe

Lies den Einkaufszettel von Frau Schatz.

> *Kauf ein:*
> *Milch, Brot, Eier, Marmelade, Käse, Taschentücher, Mineralwasser, Äpfel.*
> *Und für deinen Bruder: Heft, Bleistifte, Schere, Kuli.*
>
> *Vielen Dank!*
>
> *Mama*

Ergänze die Einkaufsliste mit den Namen der Lebensmittel und der Schulsachen.
Für jede richtige Antwort bekommst du 1 Punkt.

Einkäufe

2 Kilo _____

100 Gramm _____

eine 1-Liter-Packung _____

ein _____

1 Glas _____

2 Flaschen _____

10 _____

eine Packung _____

Schulsachen:

einen _____

eine _____

ein _____

drei _____

Partner A

7. Aufgabe

Sprich jetzt über dich (1–6).
Für jede richtige Antwort bekommst du 1 Punkt.

1. Wie heißt du?
2. Wie alt bist du?
3. Woher kommst du?
4. Wie ist deine Adresse?
5. Was ist dein Hobby?
6. Wie ist deine Telefonnummer?

8. Aufgabe

Schau dir das Foto an und lies die Informationen unten. Beschreibe dann das Tier.
Für jeden richtigen Satz mit Information bekommst du 1 Punkt.

- Agat
- 3 Jahre
- schwarz-weiß
- zu Hause
- viel trinken
- gern spazieren gehen

6 **Partner B**

7. Aufgabe

Sprich jetzt über dich (1–6).
Für jede richtige Antwort bekommst du 1 Punkt.

1. Wie ist dein Name?
2. Wie alt bist du?
3. Wo wohnst du?
4. Woher kommst du?
5. Was ist dein Hobby?
6. Wie ist deine Telefonnummer?

6

8. Aufgabe

Schau dir das Foto an und lies die Informationen unten. Beschreibe dann das Tier.
Für jeden richtigen Satz mit Information bekommst du 1 Punkt.

- Timon
- 1 Jahr
- lieb
- zu Hause
- viel spielen
- gern schlafen

Partner A

6

9. Aufgabe

Du möchtest mit deinem Freund / deiner Freundin über die Schule sprechen. Hier hast du ein paar Vorschläge. Das Bild mit dem Fragezeichen – das ist deine Frage. Das Bild ohne Fragezeichen – das ist deine Antwort.

Begrüße zuerst deinen Gesprächspartner / deine Gesprächspartnerin und stelle dann eine Frage zum Bild Nr. 1.

6 **Partner B**

9. Aufgabe

Du möchtest mit deinem Freund / deiner Freundin über die Schule sprechen. Hier hast du ein paar Vorschläge. Das Bild mit dem Fragezeichen – das ist deine Frage. Das Bild ohne Fragezeichen – das ist deine Antwort.

Beantworte die Frage deines Gesprächspartners / deiner Gesprächspartnerin und stelle dann eine Frage zum Bild Nr. 2.

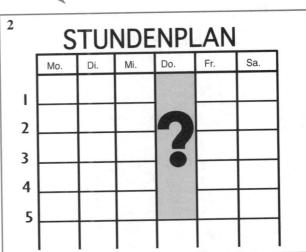

Bedanke dich für das Gespräch und verabschiede dich von ihm / ihr.

Test 4

8

1. Aufgabe 🎧8

Lies Aufgabe 1 gut durch. Du hast 30 Sekunden Zeit dafür.
Du hörst 7 verschiedene Texte nur einmal. Welcher Text passt zu welchem Bild? Schreib die Nummer des Textes in das Kästchen unter dem Bild.
Achtung: Es gibt ein Bild zu viel. Schreib „0" dorthin!
Für jede richtige Antwort bekommst du 1 Punkt.

Wie ist das?

A ☐ schnell

E ☐ kalt

B ☐ heiß

F ☐ dunkel

C ☐ teuer

G ☐ süß

D ☐ laut

H ☐ hell

7

2. Aufgabe

Deine Freundin Laura kommt zu dir nach Deutschland zu Besuch. Sie ruft dich an und hinterlässt dir eine Nachricht auf dem Anrufbeantworter. Du hörst den Text zweimal. Hör gut zu und kreuze die jeweils richtige Antwort (**A, B** oder **C**) an!
Für jede richtige Antwort bekommst du 1 Punkt.

1. Laura fährt [A] am 20. Dezember.

[B] am 20. Januar.

[C] am 20. Februar.

2. Laura kommt [A] mit dem Vater.

[B] mit der Mutter.

[C] mit dem Bruder.

3. Sie fährt nach Deutschland [A] mit dem Bus.

[B] mit dem Zug.

[C] mit dem Auto.

4. Sie kommt [A] am Morgen an.

[B] am Abend an.

[C] in der Nacht an.

5. Sie bleibt in Deutschland [A] 10 Tage.

[B] eine Woche.

[C] einen Monat.

6. Sie möchte noch [A] München besuchen.

[B] Köln besuchen.

[C] Berlin besuchen.

7. Sie packt ihre Kleidung [A] in einen Koffer.

[B] in eine Reisetasche.

[C] in einen Rucksack.

3. Aufgabe

Die Schüler sprechen in der Schule über ihre Freunde. Sophie beantwortet ein paar Fragen ihrer Schulfreunde. Finde die richtige Antwort (A–G) zu den Fragen. Lies dir das Beispiel gut durch.
Achtung: Eine Antwort ist zu viel!
Für jede richtige Antwort bekommst du 1 Punkt.

	Fragen:	**Antworten:**		
			A	12 Jahre
BEISPIEL:	Wer ist das?	G	B	Im Schwimmbad
	1. Wie heißt sie?	___	C	Computerspiele
	2. Woher kommt sie?	___	D	Manuela
	3. Wie alt ist sie?	___	E	Ein Gymnasium
	4. Was ist ihr Hobby?	___	F	Aus Spanien
	5. Welche Schule besucht sie?	___	G̶	Meine Freundin

7

4. Aufgabe

Hier ist eine Bildergeschichte über Alex. Welcher Textteil A–F passt zu welchem Bild? Lies dir das Beispiel gut durch. Schreib den richtigen Buchstaben (A–F) unter das Bild.
Für jede richtige Antwort bekommst du 1 Punkt.

Mein Geburtstag

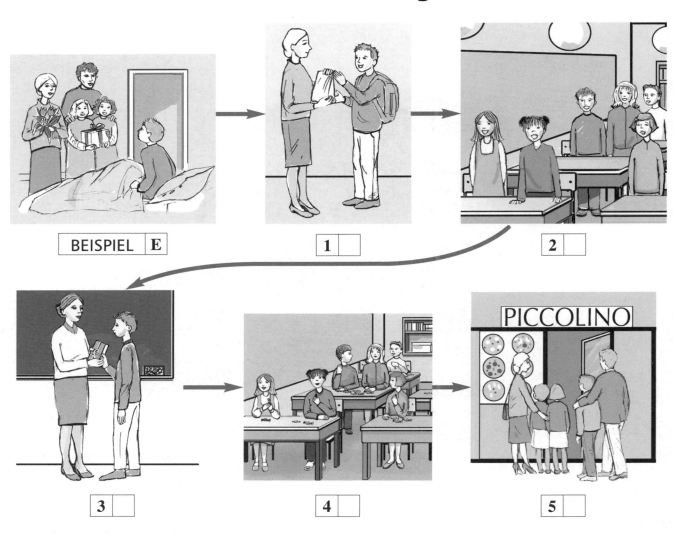

A	Alle lachen und essen Bonbons.
B	Die Mutter gibt ihm Bonbons für seine Freunde in der Schule.
C	Die Klassenlehrerin gibt Alex ein Buch.
D	Seine Klassenkameraden singen für ihn ein Geburtstagslied.
E	Alex feiert heute Geburtstag. Schon am Morgen wünschen ihm der Vater, die Mutter und die Schwestern alles Gute.
F	Nach der Schule geht Alex mit seiner Familie in die Pizzeria.

5. Aufgabe

5

Lies den Text und schau dir die Postkarte und das Beispiel an. Kreuze dann die jeweils richtige Antwort (**A**, **B** oder **C**) an!
Für jede richtige Antwort bekommst du 1 Punkt.

In den Sommerferien

Schöne Grüße aus Rostock!

Rostock, den 13.7. 200...

Hallo Gabi,

ich bin mit der Mutter und mit meinem Bruder Albert am Meer. Papa ist leider nicht bei uns. Er muss arbeiten. Das Wetter ist schön und es ist sehr warm. Wir gehen jeden Tag ans Meer. Am Strand sammle ich Muscheln und spiele Ball. Mama liest viel. Sie badet nicht gern, aber Albert sitzt die ganze Zeit im Wasser. Wir bleiben noch eine Woche hier.

Bis bald!
Deine Dorothea

BEISPIEL: Die Postkarte schreibt:
- **A** Gabi.
- **B** Albert.
- **C** Dorothea. ✗

1. Dorothea ist in Rostock:
- **A** im Juni.
- **B** im Juli.
- **C** im August.

2. Rostock liegt:
- **A** im Gebirge.
- **B** am Meer.
- **C** am Fluss.

3. Dorothea ist in den Ferien:
- **A** mit dem Bruder und mit der Mutter.
- **B** mit dem Vater und mit der Mutter.
- **C** mit der Schwester und mit der Mutter.

4. Sie mag:
- **A** Wasser.
- **B** Bücher.
- **C** Muscheln.

5. Ihre Mutter:
- **A** spielt Ball.
- **B** badet gern.
- **C** liest gern.

6. Aufgabe

Du suchst eine Brieffreundin und findest diese Anzeige:

Hallo Freunde,

ich heiße Angelika und bin 13 Jahre alt. Ich wohne in Wien, in Österreich. Ich habe einen großen Bruder. Meine Hobbys sind Bücher und Musik. Ich spiele selbst Geige. Ich suche E-Mail-Freunde. Wer schreibt mir?

Tschüs!

Angelika

Antworte Angelika und schreibe etwas über dich!
Für jede richtige Antwort bekommst du 2 Punkte.

1. Wie heißt du?
2. Wie alt bist du?
3. Wo wohnst du?
4. Hast du eine Schwester oder einen Bruder?
5. Was magst du?
6. Stell bitte Angelika eine Frage!

Hallo Angelika,

ich _____

_____

_____

_____

Antworte bald!

_____

Partner A

6

7. Aufgabe

Sprich jetzt über dich (1–6).
Für jede richtige Antwort bekommst du 1 Punkt.

1. Wer bist du?
2. Wann bist du geboren?
3. Welche Klasse besuchst du?
4. Wie ist deine Adresse?
5. Wohin gehst du gern?
6. Was machst du in der Freizeit?

8. Aufgabe

6

Schau dir das Foto an und lies die Informationen unten. Beschreibe dann die Person.
Für jeden richtigen Satz mit Information bekommst du 1 Punkt.

- Florian Krause
- Deutschland
- 7 Jahre
- 2 Schwestern
- Sport
- Ski fahren

6 | Partner B

7. Aufgabe

Sprich jetzt über dich (1– 6).
Für jede richtige Antwort bekommst du 1 Punkt.

1. Wer bist du?
2. Wann hast du Geburtstag?
3. Welche Schule besuchst du?
4. Wo wohnst du?
5. Wohin gehst du gern?
6. Was ist dein Hobby?

6

8. Aufgabe

Schau dir das Foto an und lies die Informationen unten. Beschreibe dann die Person.
Für jeden richtigen Satz mit Information bekommst du 1 Punkt.

- Michael Krüger
- Österreich
- 13 Jahre
- 2 Brüder
- Musik
- Gitarre spielen

Partner A

9. Aufgabe

Du möchtest mit deinem Freund / deiner Freundin über einen Klassenausflug sprechen. Hier hast du ein paar Vorschläge, was ihr wann machen könnt. Das Bild mit dem Fragezeichen – das ist deine Frage. Das Bild ohne Fragezeichen – das ist deine Antwort.

Begrüße zuerst deinen Gesprächspartner / deine Gesprächspartnerin und stelle dann eine Frage zum Bild Nr. 1.

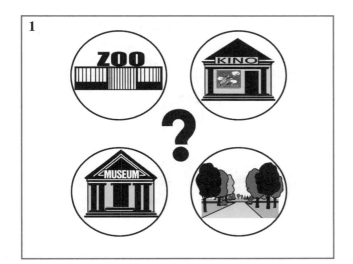

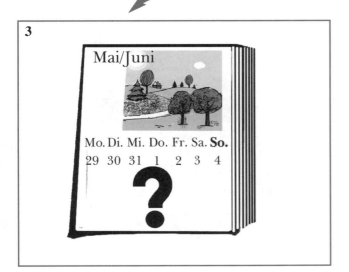

6 **Partner B**

9. Aufgabe

Du möchtest mit deinem Freund / deiner Freundin über einen Klassenausflug sprechen. Hier hast du ein paar Vorschläge, was ihr wann machen könnt. Das Bild mit dem Fragezeichen – das ist deine Frage. Das Bild ohne Fragezeichen – das ist deine Antwort.

Beantworte die Frage deines Gesprächspartners / deiner Gesprächspartnerin und stelle dann eine Frage zum Bild Nr. 2.

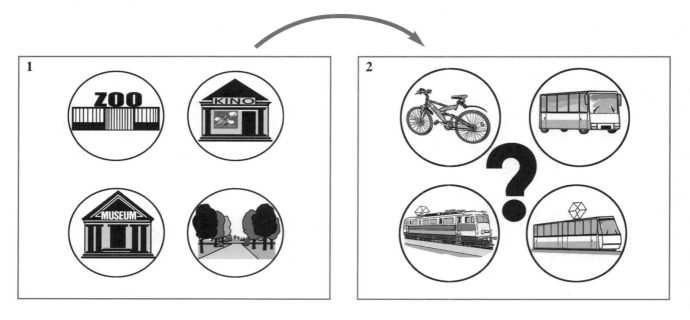

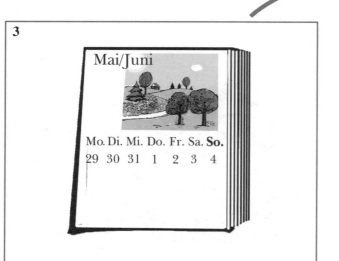

Bedanke dich für das Gespräch und verabschiede dich von ihm / ihr.

Test 5

1. Aufgabe ⓾

Lies Aufgabe 1 gut durch. Du hast 30 Sekunden Zeit dafür.
Du hörst 7 verschiedene Texte nur einmal. Welcher Text passt zu welchem Bild? Schreib die Nummer des Textes in das Kästchen unter dem Bild.
Achtung: Es gibt ein Bild zu viel. Schreib „0" dorthin!
Für jede richtige Antwort bekommst du 1 Punkt.

Was macht der Junge?

A ☐ Er badet.

E ☐ Er isst.

B ☐ Er reitet.

F ☐ Er steht auf.

C ☐ Er trinkt.

G ☐ Er singt.

D ☐ Er schreibt.

H ☐ Er zahlt.

7

2. Aufgabe ⓘ

Dein Freund Peter bekommt Besuch aus Deutschland. Er bittet dich um Hilfe. Peter ruft dich an und hinterlässt dir eine Nachricht auf dem Anrufbeantworter. Du hörst den Text zweimal. Hör gut zu und notiere die Informationen!
Für jede richtige Information bekommst du 1 Punkt.

1. Wer: _____ aus Bonn

2. Wann? Am _____. September

3. Abholen vom _____

4. Treffen um _____ Uhr

5. Kaufen: _____

6. Geld von _____

7. Essen: _____

3. Aufgabe

Die Schüler sprechen in der Schule über ihre Familie. Tanja beantwortet ein paar Fragen ihrer Schulfreunde. Finde die richtige Antwort (A–G) zu den Fragen. Lies dir das Beispiel gut durch.
Achtung: Eine Antwort ist zu viel!
Für jede richtige Antwort bekommst du 1 Punkt.

Fragen:		**Antworten:**	A	Sehr nett
BEISPIEL:	Wer ist das?	D	B	Am Meer
	1. Was ist er von Beruf?	____	C	182 cm
	2. Was isst er gern?	____	D̶	Mein Onkel
	3. Wo macht er gern Urlaub?	____	E	Blaue Augen
	4. Wie ist er denn?	____	F	Kartoffelsalat
	5. Wie groß ist er?	____	G	Automechaniker

5

4. Aufgabe

Hier ist eine Bildergeschichte über Sonja. Welcher Textteil A–F passt zu welchem Bild? Lies dir das Beispiel gut durch. Schreib den richtigen Buchstaben (A–F) unter das Bild.
Für jede richtige Antwort bekommst du 1 Punkt.

Meine Reise an den See

A	Mit dem Auto fahren wir zwei Stunden. Ich habe Durst.
B	Ich packe meine Sachen und auch meinen Teddybär. Er ist so süß.
C	Wir gehen an den See.
D	Wir sind schon im Hotel. Es ist sehr groß.
E	Mein Vater nimmt den Koffer und packt ihn ins Auto.
F	Jetzt machen wir eine Pause. Nicht lange, nur 20 Minuten.

5. Aufgabe

Lies den Text und schau dir das Foto und das Beispiel an. Kreuze dann die jeweils richtige Antwort (**A**, **B** oder **C**) an!
Für jede richtige Antwort bekommst du 1 Punkt.

Meine Musiklehrerin

Frau Wagner ist meine Klassenlehrerin. Sie heißt Eva und unterrichtet Musik. Alle Schüler mögen sie sehr. Sie ist nett und lacht viel, besonders im Musikunterricht. Ihr Unterricht ist immer interessant. Wir singen tolle Lieder, hören Musik, nicht nur klassische, sondern auch Hip-Hop und Rock. Frau Wagner ist eine gute Pianistin und spielt noch dazu gut Geige. Für die Eltern organisiert sie mit den Schülern Konzerte. Sie führt auch den Schulchor. Im Chor singen dreißig Mädchen und Jungen zusammen. Mittwochs und freitags haben wir Chorproben. Ich mache gern mit.

BEISPIEL: Frau Wagner ist

- **A** Mathematiklehrerin.
- **B** Musiklehrerin.
- **C** Kunstlehrerin.

1. Frau Wagner ist im Musikunterricht
   - **A** böse.
   - **B** komisch.
   - **C** nett.

2. Die Schüler hören im Unterricht
   - **A** nur klassische Musik.
   - **B** klassische Musik, Hip-Hop und Rock.
   - **C** nur moderne Musik.

3. Frau Wagner spielt
   - **A** Klavier und Geige.
   - **B** Klavier und Gitarre.
   - **C** Geige und Gitarre.

4. Die Schüler singen in Konzerten:
   - **A** für alle Schüler.
   - **B** für andere Schulen.
   - **C** für die Eltern.

5. Im Schulchor sind
   - **A** Jungen.
   - **B** Jungen und Mädchen.
   - **C** Mädchen.

12

6. Aufgabe

Lies den Fragebogen und ergänze ihn mit Informationen über dich.
Für jede richtige Antwort bekommst du 1 Punkt.

Nr.	Angaben	Informationen über dich
1.	Vorname	
2.	Name	
3.	Alter	
4.	Geschlecht Kreuze an! (x)	Junge ☐ Mädchen ☐
5.	Geschwister	
6.	E-Mail-Adresse	
		Was magst du?
1.	Schulfach	
2.	Sportart	
3.	Tier	
4.	Essen	
5.	Getränk	
6.	Musik	

Partner A

7. Aufgabe

Sprich jetzt über dich (1–6).
Für jede richtige Antwort bekommst du 1 Punkt.

1. Wer bist du?
2. Wie alt bist du?
3. Wann hast du Geburtstag?
4. Woher kommst du?
5. Wo wohnst du?
6. Was machst du gern?

8. Aufgabe

Schau dir das Foto an und lies die Informationen unten. Beschreibe dann den Gegenstand.
Für jeden richtigen Satz mit Information bekommst du 1 Punkt.

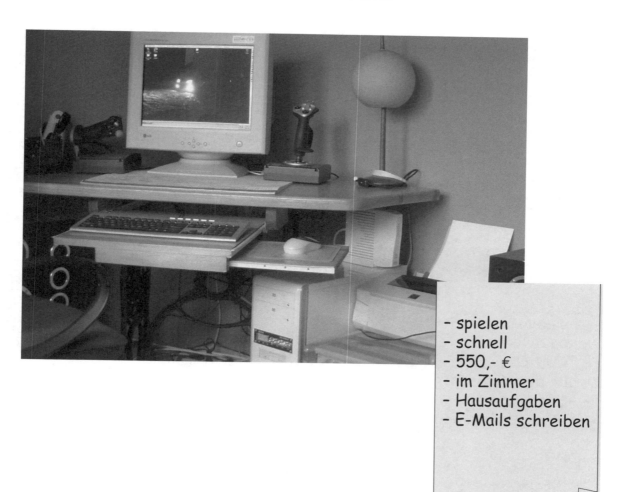

- spielen
- schnell
- 550,- €
- im Zimmer
- Hausaufgaben
- E-Mails schreiben

6 **Partner B**

7. Aufgabe

Sprich jetzt über dich (1-6).
Für jede richtige Antwort bekommst du 1 Punkt.

1. Wie ist dein Name?
2. Wie alt bist du?
3. Wann bist du geboren?
4. Woher kommst du?
5. Wie ist deine Adresse?
6. Was machst du in der Freizeit?

6

8. Aufgabe

Schau dir das Foto an und lies die Informationen unten. Beschreibe dann den Gegenstand.
Für jeden richtigen Satz mit Information bekommst du 1 Punkt.

- spielen
- neu
- 700,- €
- auf dem Schreibtisch
- Hausaufgaben
- E-Mails schreiben

Partner A

9. Aufgabe

Du möchtest mit deinem Freund / deiner Freundin über euren Tagesablauf sprechen. Hier hast du ein paar Vorschläge. Das Bild mit dem Fragezeichen – das ist deine Frage. Das Bild ohne Fragezeichen – das ist deine Antwort.

Begrüße zuerst deinen Gesprächspartner / deine Gesprächspartnerin und stelle dann eine Frage zum Bild Nr. 1.

6 Partner B

9. Aufgabe

Du möchtest mit deinem Freund / deiner Freundin über euren Tagesablauf sprechen. Hier hast du ein paar Vorschläge. Das Bild mit dem Fragezeichen – das ist deine Frage. Das Bild ohne Fragezeichen – das ist deine Antwort.

Beantworte die Frage deines Gesprächspartners / deiner Gesprächspartnerin und stelle dann eine Frage zum Bild Nr. 2.

Bedanke dich für das Gespräch und verabschiede dich von ihm / ihr.

7. Lösungsschlüssel *Hören* und *Lesen*

TEST 1
Hören

1. Aufgabe
A2;   B4;   C7;   D3;   E5;   F0;   G1;   H6

2. Aufgabe
1.B;   2.C;   3.B;   4.B;   5.A;   6.C;   7.B

Lesen

3. Aufgabe
1.C;   2.A;   3.G;   4.B;   5.D

4. Aufgabe
1.F;   2.B;   3.E;   4.D;   5.A

5. Aufgabe
1.C;   2.B;   3.C;   4.B;   5.B

TEST 2
Hören

1. Aufgabe
A4;   B6;   C0;   D7;   E2;   F1;   G5;   H3;

2. Aufgabe
1. – 26.; 2. – Donnerstag/Do.*; 3. – 17/5*; 4. – Sporthalle; 5. – Konzert/Lieder, Musikstück*;
6. – Blumen/Rosen*; 7. – 55

Lesen

3. Aufgabe
1.G;   2.A;   3.F;   4.B;   5.D

4. Aufgabe
1.A;   2.F;   3.C;   4.B;   5.E

5. Aufgabe
1.A;   2.B;   3.A;   4.C;   5.B

TEST 3
Hören

1. Aufgabe
A7;   B5;   C1;   D2;   E3;   F0;   G6;   H4

2. Aufgabe
1. – 16.; 2. – Fahrrad; 3. – Wald; 4. – 9; 5. – Lehrer; 6./7. 47 38

* andere Variante

Lesen

3. Aufgabe
1.D;   2.G;   3.B;   4.A;   5.E

4. Aufgabe
1.C;   2.E;   3.B;   4.A;   5.D

5. Aufgabe
1.C;   2.A;   3.C;   4.B;   5.C

TEST 4
Hören

1. Aufgabe
A1;   B7;   C3;   D5;   E4;   F2;   G6;   H0

2. Aufgabe
1.B;   2.A;   3.C;   4.B;   5.B;   6.C;   7.A

Lesen

3. Aufgabe
1.D;   2.F;   3.A;   4.C;   5.E

4. Aufgabe
1.B;   2.D;   3.C;   4.A;   5.F

5. Aufgabe
1.B;   2.B;   3.A;   4.C;   5.C

TEST 5
Hören

1. Aufgabe
A5;   B1;   C4;   D6;   E0;   F3;   G7;   H2

2. Aufgabe
1. – Cousin/Max*; 2. – 12.; 3. – Flughafen; 4. – 14/2*; 5. – Fahrkarten; 6. – Eltern/Mutter*; 7. – Pizza

Lesen

3. Aufgabe
1.G;   2.F;   3.B;   4.A;   5.C

4. Aufgabe
1.E;   2.A;   3.F;   4.D;   5.C

5. Aufgabe
1.C;   2.B;   3.A;   4.C;   5.B

* alternativ

8. Bewertungskriterien und Lösungsschlüssel *Schreiben* (Vorschläge)

Folgende Kriterien sind bei der Bewertung zu beachten:
Die Erfüllung der Aufgabe beinhaltet die Berücksichtigung der sechs Fragen und ihre Ausformulierung zu Sätzen in einem persönlichen Brief oder das Ausfüllen eines Fragebogens oder einer Einkaufsliste.

Es wird überprüft, ob die Schülerin / der Schüler erforderliche Grundkenntnisse der sprachlichen Richtigkeit beherrscht. Diese sind u.a.
– auf grammatikalischer Ebene die Grundmuster der Syntax (Wort- und Satzstellung), der Konjugation (Indikativ, Tempus: Präsens), der Deklination (Nominativ, Akkusativ)
– auf lexikalischer Ebene den Anforderungen der Stufe A1 und der Aufgabe entsprechende Kenntnisse von Wortschatz und Ausdrucksfähigkeit
– auf orthografischer Ebene (die Schülerin / der Schüler muss die Hauptregeln der Rechtschreibung sowie die Groß- und Kleinschreibung beherrschen).

Aufgabe inhaltlich zur Gänze erfüllt grammatikalisch, lexikalisch, orthografisch korrekt	2 Punkte
Aufgabe inhaltlich teilweise erfüllt grammatikalisch, lexikalisch, orthografisch teilweise korrekt	1 Punkt
Aufgabe inhaltlich nur ansatzweise / nicht erfüllt grammatikalisch, lexikalisch, orthografisch viele Fehler	0 Punkte

In den Tests 3 und 5 werden die richtigen Eintragungen mit 1 Punkt, die falschen mit 0 bewertet.

Lösungsschlüssel Schreiben (Vorschläge)

TEST 1
6. Aufgabe   Punkte:

Hey Georg,
meine Freundin/~~mein Freund~~ heißt Johanna. Ihre Haare sind schwarz.   2 / 2
Sie ist nett und lustig. Sie hat einen Hund. Er heißt Karo.   2 / 2
Ihr Hobby ist Musik. Wir singen im Schulchor zusammen.   2 / 2
Tschüs! Monika

insgesamt: 12

TEST 2
6. Aufgabe   Punkte:

Hey Jutta,
ich besuche eine Grundschule in Pruszków bei Warschau. Sie ist klein   2 / 2
und schön. Ich bin gut in Mathe, aber ich bin nicht so gut in Polnisch.   2 / 2
Meine Klasse ist toll. Ich mag meine Klassenfreunde und meine   2 / 2
Klassenlehrerin sehr.
Tschüs! Marcin

insgesamt: 12

TEST 3
6. Aufgabe

Punkte:

Einkäufe im Supermarkt:	2 Kilo Äpfel	1
	100 Gramm Käse	1
	eine 1-Liter-Packung Milch	1
	ein Brot	1
	1 Glas Marmelade	1
	2 Flaschen Mineralwasser	1
	10 Eier	1
	eine Packung Taschentücher	1
Schulsachen:	einen Kuli	1
	eine Schere	1
	ein Heft	1
	drei Bleistifte	1
	insgesamt:	12

TEST 4
6. Aufgabe

Punkte:

Hallo Angelika,
ich heiße Elena und ich bin 12 Jahre alt. Ich wohne in Bologna in Italien. 2 / 2 / 2
Ich habe einen Bruder. Er heißt Mario. Ich mag Computerspiele. 2 / 2
Hast du ein Tier zu Hause? 2
Antworte bald!

insgesamt: 12

TEST 5
6. Aufgabe

Nr.	Angaben	Informationen über dich	Punkte
1.	Vorname	Yüksel	1
2.	Name	Altinok	1
3.	Alter	12	1
4.	Geschlecht Kreuze an! (x)	Junge ☐ Mädchen ☒	1
5.	Geschwister	2 Brüder	1
6.	E-Mail-Adresse	yueksel.altinok@yahoo.com	1
		Was magst du?	
1.	Schulfach	Deutsch	1
2.	Sportart	Schwimmen	1
3.	Tier	Hund/Hunde	1
4.	Essen	Schokolade	1
5.	Getränk	Apfelsaft	1
6.	Musik	Pop	1
		ingesamt:	12

9. Bewertungskriterien und Lösungsschlüssel *Sprechen* (Vorschläge)

Im mündlichen Teil soll die Schülerin / der Schüler die Möglichkeit haben ihre / seine mündliche Kommunikationsfähigkeit nachzuweisen. Alle Antworten werden nach den vorgegebenen Kriterien bewertet:

- Korrektheit bei der Anwendung von wenigen einfachen grammatischen Strukturen und Satzmustern
- Flüssigkeit von weitgehend vorgefertigten Äußerungen (Aussprache und Intonation)
- Kohärenz (Anwendung von einfachen Konnektoren wie und, oder, aber, dann)
- Interaktion (kommunikative Angemessenheit)

7. Aufgabe

Die Schülerin / Der Schüler gibt auf entsprechende Fragen Antwort oder reagiert auf Stichpunkte. Die Äußerung muss korrekt formuliert werden und kann mehr als eine Information enthalten.

Satz vollständig ausformuliert	1
Satz teilweise und unverständlich ausformuliert oder kein Satz	0

8. Aufgabe

Die Schülerin / Der Schüler beschreibt eine Person oder einen Gegenstand auf dem Foto. Beim Beschreiben soll sie / er alle Informationen angeben. Die Äußerung muss korrekt formuliert werden und kann mehr als eine Information enthalten.

Satz vollständig ausformuliert	1
Satz teilweise und unverständlich ausformuliert oder kein Satz	0

9. Aufgabe

Die Schülerin / Der Schüler führt mit der Mitschülerin / mit dem Mitschüler oder mit dem Deutschlehrer ein Gespräch.

Begrüßung und Abschied	2
Begrüßung, ohne Abschied zu nehmen	1
Keine Begrüßung, aber Abschied genommen	1
Keine Begrüßung, und kein Abschied	0

Frage korrekt formuliert	1
Frage falsch formuliert oder keine gestellt	0

Antwort vollständig und im Ausdruck angemessen, einige Fehler, in der Aussprache keine größeren Verstöße	1
Antwort überwiegend unangemessen, größtenteils falsch, Verständnis beeinträchtigt oder keine Antwort gegeben	0

Auswertungsbogen *Sprechen*

Schülerin / Schüler ....

7. Aufgabe		8. Aufgabe	9. Aufgabe	
Nr.	**Vorstellung**	**Beschreibung**		**Partnergespräch**
1.	1–0	1–0	Begrüßung und Abschied	2–1–0
2.	1–0	1–0	Fragen	2–1–0
3.	1–0	1–0	Antworten	2–1–0
4.	1–0	1–0		
5.	1–0	1–0		
6.	1–0	1–0		
insgesamt:		**insgesamt:**	**insgesamt:**	

Lösungsschlüssel *Sprechen* (Vorschläge)

TEST 1

Partner A

7. Aufgabe
Punkte:

Ich heiße... / Mein Name ist ... . Ich bin ... Jahre alt.
1 / 1

Ich komme aus Polen und wohne in ... Meine Telefonnummer ist ...
2 / 1

Mein Hobby ist ... / Meine Hobbys sind ....
1

insgesamt: 6

8. Aufgabe
Punkte:

Das ist… / Sie heißt Heike Bruck. Sie kommt aus Zürich. / Sie wohnt in Zürich.
1 / 1

Sie ist 37 Jahre alt. Sie ist Sekretärin (von Beruf). Sie hat zwei Kinder.
1 / 1 / 1

Sie fährt gern Rad.
1

insgesamt: 6

9. Aufgabe
Punkte:

Partnergespräch
Partner A / Partner B

A: Hallo! Wie geht's (dir)?
1

B: Hallo! Danke, gut. Und dir?
1

A: Auch gut, danke. Was machst du gern? / Was magst du?
1

B: Ich spiele gern Computer. / Ich mag Computer. Und du?
1

Was machst / spielst du gern? / Was magst du?
1

A: Ich schwimme gern. / Ich spiele gern Fußball. / Ich mag Fußball.
1

Was liest du gern?
1

B: Ich lese Bücher und Zeitschriften. Wohin gehst du gern?
1 / 1

A: Ich gehe gern ins Kino.
1

B: Danke. Tschüs!
1

A: Tschüs!
1

insgesamt: 6 / 6

TEST 2
Partner A

7. Aufgabe
	Punkte:
Ich heiße... / Mein Name ist ... Ich bin ... Jahre alt.	1 / 1
Ich wohne in ... Ich besuche eine Grundschule / ein Gymnasium.	1 / 1
Ich mag Sport und Musik.	1
Meine E-Mail-Adresse ist ... Ich habe keine E-Mail-Adresse.	1
	insgesamt: 6

8. Aufgabe
	Punkte:
Das ist / Er heißt Anton Neumann. Er kommt aus Österreich. / Er wohnt in Österreich.	1 / 1
Er ist 76 Jahre alt. Er ist Rentner. Er hat viel Zeit.	1 / 1 / 1
Er liest gern.	1
	insgesamt: 6

9. Aufgabe

	Punkte:
Partnergespräch	**Partner A / Partner B**
A: Hallo! Wie geht's (dir)?	1
B: Hallo! Gut, danke. Und dir?	1
A: Es geht, danke. Wie viel Geld hast du / haben wir?	1
B: Ich habe / wir haben 10 . Wo kaufen wir ein? / Wohin gehen wir?	1 / 1
A: (Wir kaufen) im Supermarkt ein. / (Wir gehen) in den Supermarkt.	1
Was kaufst du / kaufen wir?	1
B: Ich kaufe / Wir kaufen eine Cola, Schokolade und Kartoffelchips.	1
Womit fahren wir?	1
A: (Wir fahren) mit dem Bus / mit der Straßenbahn. / Wir gehen zu Fuß.	1
B: Also gut, danke! Tschüs! Bis bald!	1
A: Bis bald!	1
	insgesamt: 6 / 6

TEST 3
Partner A

7. Aufgabe
	Punkte:
Ich heiße ... / Mein Name ist ... Ich bin ... Jahre alt.	1 / 1
Ich komme aus ... Meine Adresse ist ...	1 / 1
Mein Hobby sind CDs.	1
Meine Telefonnummer ist ...	1
	insgesamt: 6

8. Aufgabe
	Punkte:
Das ist / Er heißt Agat. / Der Hund heißt Agat. Er ist drei Jahre alt.	1 / 1
Er ist schwarz-weiß und wohnt zu Hause. Er trinkt viel.	1 / 1 / 1
Er geht gern spazieren.	1
	insgesamt: 6

9. Aufgabe

Partnergespräch

A: Hallo! Wie geht's (dir)?

B: Hallo! Gut, danke. Und dir?

A: Okay, danke. Um wie viel Uhr / Wann gehst du in die Schule?

B: (Ich gehe in die Schule) um 7.30 Uhr / Um halb acht.
  Was hast du am Donnerstag?

A: Ich habe Mathe, Informatik, Landeskunde / Geografie / Erdkunde,
  Sport und Kunst. Was hast du im Rucksack?

B: Ich habe drei Bücher, zwei Hefte, ein Lineal, ein Mäppchen und einen
  Atlas. Wann / Um wie viel Uhr gehst du nach Hause?

A: (Ich gehe) um 15.00 Uhr / um drei Uhr (nach Hause)

B: Also gut, danke! Bis morgen!

A: Bis morgen!

Punkte:

Partner A / Partner B

1

1

1

1 / 1

1 / 1

1

1

1

1

1

insgesamt: 6 / 6

TEST 4

Partner A

7. Aufgabe

Ich bin ... / Ich heiße ... Ich bin am ... geboren.

Ich besuche Klasse / Schule ... Meine Adresse ist ...

Ich gehe gern in den Wald / in die Disco / ins Kino.

Ich lese Bücher und spiele Computer.

Punkte:

1 / 1

1 / 1

1

1

insgesamt: 6

8. Aufgabe

Das ist / Er heißt Florian Krause. Er kommt aus Deutschland.
/ Er wohnt in Deutschland.

Er ist 7 Jahre alt und hat 2 Schwestern. Er mag Sport.

Er fährt sehr gut Ski.

Punkte:

1 / 1

1 / 1 / 1

1

insgesamt: 6

9. Aufgabe

Partnergespräch

A: Hallo! Wie geht's (dir)?

B: Hallo! Gut, danke. Und dir?

A: Auch gut, danke. Wohin fahren / gehen wir?

B: Wir fahren in den Zoo. Womit fahren wir denn?

A: Wir fahren mit der Straßenbahn. Wann gehen wir in den Zoo?

B: Am Donnerstag, am 1. Juni. Was kostet das?

A: Das kostet 6,50.

B: Also gut, danke! Bis bald!

A: Bis bald!

Punkte:

Partner A / Partner B

1

1

1

1 / 1

1 / 1

1 / 1

1

1

1

insgesamt: 6 / 6

TEST 5

Partner A

7. Aufgabe

Punkte:

Ich bin ... / Ich heiße ... Ich bin ... Jahre alt.   1 / 1

Ich habe Geburtstag am ... Ich komme aus ...   1 / 1

Ich wohne in ... Ich wandere gern und sehe fern.   1 / 1

insgesamt: 6

8. Aufgabe

Punkte:

Das ist ein Computer. Ich spiele gern am Computer. Er ist sehr schnell.   1 / 1

Er hat 550,- € gekostet. Er steht im Zimmer.   1 / 1

Am Computer mache ich Hausaufgaben und schreibe E-Mails.   1 / 1

insgesamt: 6

9. Aufgabe

Punkte:

Partnergespräch   **Partner A / Partner B**

A: Servus! Wie geht's (dir)?   1

B: Hey! Gut, danke. Und dir?   1

A: Es geht, danke. Wann / Um wie viel Uhr stehst du auf?   1

B: Ich stehe um 7.00 Uhr auf. / Um 7.00. Was isst du zum Frühstück?   1 / 1

A: Ich esse ein Ei und ein Käsebrot. / Ich frühstücke nicht.   1 / 1

   Was trinkst du am Morgen?   1

B: Ich trinke Milch. Was machst du am Nachmittag? / Wann   1

   machst du Hausaufgaben?   1 / 1

A: Ich mache Hausaufgaben (um 17.00 Uhr / am Nachmitag).   1

B: Also gut, danke! Bis bald!   1

A: Bis bald!   1

insgesamt: 6 / 6

10. Transkripte der Hörtexte

Test 1 – Aufgabe 1

Lies Aufgabe 1 gut durch. Du hast 30 Sekunden Zeit dafür.
Du hörst 7 verschiedene Texte nur einmal. Welcher Text passt zu welchem Bild? Schreib die Nummer des Textes in das Kästchen unter dem Bild.
Achtung: Es gibt ein Bild zu viel. Schreib „0" dorthin!
Für jede richtige Antwort bekommst du 1 Punkt.

Situation 1

● Alex! Spiel doch bitte leiser. Dein Musizieren geht mir auf die Nerven!
● Ich muss doch üben.

Situation 2

● Lotte! Wo hast du denn wieder das Haarshampoo hingestellt?
● Oh, es ist alle. Ich hab' kein neues gekauft.

Situation 3

● Guten Tag! Ihre Fahrkarten bitte!
● Bitte schön!
● Danke sehr! Ich wünsche Ihnen eine gute Fahrt!

Situation 4

● Hallo, Freunde! Unser heutiges Thema ist: „Wovon träumen junge Filmstars?" Natürlich vom Oscar, der selbst kaum 300 Dollar wert ist. Aber wie viel Ruhm die kleine Trophäe mit sich bringt ...

Situation 5

● Mach bitte zu! Es zieht. Danke sehr!

● Situation 6

● Mit wem kommst du denn?
● Ich nehme Petra mit. Sie mag Mozart so gern.
● Ja, das ist ja toll! Aber seid bitte pünktlich! Wir warten vor dem Eingang.
● Okay, bis dann!
● Tschüs!

Situation 7

● Mutti, guck mal! Der hat aber einen langen Rüssel.
● Ja, und wie! Gehen wir jetzt zu den Löwen?

Test 1 – Aufgabe 2

Du warst letzte Woche nicht in der Schule. Dein Freund Martin ruft dich an und hinterlässt dir eine Nachricht auf dem Anrufbeantworter. Du hörst den Text zweimal. Hör gut zu und kreuze jeweils die richtige Antwort (**A**, **B** oder **C**) an!
Für jede richtige Antwort bekommst du 1 Punkt.

● Hallo. Hier Martin. Ich hoffe, wir sehen uns bald. In der Schule war ziemlich viel los. Am Montag haben wir eine Klassenarbeit **in Deutsch** geschrieben. Die war total **schwer**, nur Grammatik und Vokabeln. Aber in Bio hast du zum Glück nicht viel nachzuholen, nur Aufgabe drei **auf Seite 46**. Das schaffst du ohne Probleme. Und noch etwas: Eine kleine Überraschung – nächste Woche schreiben wir **am Donnerstag** einen Test in Englisch und außerdem musst du noch **einen Text** über Sport lesen. Vergiss nicht für Kunst **einen Malkasten** mitzunehmen. Am Mittwoch gehen wir **ins Museum**. Gute Besserung. Tschüs!

Test 2 – Aufgabe 1 ④

Lies Aufgabe 1 gut durch. Du hast 30 Sekunden Zeit dafür.
Du hörst 7 verschiedene Texte nur einmal. Welcher Text passt zu welchem Bild? Schreib die Nummer des Textes in das Kästchen unter dem Bild.
Achtung: Es gibt ein Bild zu viel. Schreib „0" dorthin!
Für jede richtige Antwort bekommst du 1 Punkt.

Situation 1

● Mutti, ich gehe jetzt.
● Vergiss nicht, was dir der Zahnarzt gesagt hat. Ich mache gleich dasselbe.

Situation 2
- Ich glaube, das ist alles.
- Dann klick' den Drucker an!

Situation 3
- Hast du schon was gefunden?
- Ja. Vieles. Alles ist interessant, aber für uns ist leider nichts dabei.

Situation 4
- Also ich besorge die Karten für 16.00 Uhr und du könntest vielleicht das Popcorn und die Cola kaufen?
- Okay! Kauf bitte Plätze in der 10. Reihe. Wir treffen uns dann am Eingang. Ja?

Situation 5
- Na, wir sind ja Glückspilze. Der Schnee ist super.
- Ja, du zuerst. Ich laufe hinter dir her.
- Na, dann mal los.

Situation 6
- Hans! Nun hör doch bitte auf damit! Das Gras muss doch noch gemäht werden!
- Ich kann aber nicht mehr. Ich mähe nur das vor dem Haus und morgen den Rest.
- Also, ich gieße noch die Blumen auf der Terrasse.

Situation 7
- Guten Tag, Frau Traube!
- Tag, Jungs! Kommt rein! Max und Alex sitzen im Wohnzimmer und spielen Playstation.
- Hallo! Servus! Hey! Hallo!

Test 2 – Aufgabe 2

Deine Klasse organisiert ein Schulfest. Deine Freundin Monika ruft dich an und hinterlässt dir eine Nachricht auf dem Anrufbeantworter. Du hörst den Text zweimal. Hör gut zu und notiere die Informationen!
Für jede richtige Information bekommst du 1 Punkt.

- Hallo! Hier Monika. Unsere Klasse organisiert ein Schulfest. Wir machen es am **26.** Mai. Das ist leider ein **Donnerstag**, aber nur dieser Termin passt uns allen. Wir beginnen um **17 Uhr** in der **Sporthalle**. Wir planen ein kleines **Konzert**. Unsere Klasse singt drei Lieder und Klaus spielt ein Stück auf dem Klavier. Frau Schmidt hat gesagt, wir sollen **Blumen** kaufen. Ich glaube, rote Rosen wären am besten. Ich habe schon Geld gesammelt. Wir haben **55** Euro zur Verfügung. Ruf mich an! Ciao!

Test 3 – Aufgabe 1

Lies Aufgabe 1 gut durch. Du hast 30 Sekunden Zeit dafür.
Du hörst 7 verschiedene Texte nur einmal. Welcher Text passt zu welchem Bild? Schreib die Nummer des Textes in das Kästchen unter dem Bild.
Achtung: Es gibt ein Bild zu viel. Schreib „0" dorthin!
Für jede richtige Antwort bekommst du 1 Punkt.

Situation 1
- Schau mal. Da drüben im Schatten ist eine Bank.
- Gut, dann setzen wir uns dorthin!

Situation 2
- Der Flug German Wings U27736 aus Hamburg ist nun gelandet. Alle Passagiere des Fluges Lufthansa 357 nach Warschau werden gebeten, sich auf die Abfertigung vorzubereiten.

Situation 3
- Ja, liebe Zuschauer, dieser Schuss war Klasse. Von einem solchen Spielstand konnten wir nur träumen. Und jetzt ... Becker ist wieder am Ball und schlägt einen weiten Pass ...

Situation 4
- Wo hast du geparkt?
- Gleich um die Ecke!
- Das ist ja praktisch. Lass uns doch in die Bäckerei gehen. Wir haben kein Brot mehr zu Hause.

Situation 5

● Daniel, räum' bitte den Tisch ab!
● Gleich!
● Sofort! Ich muss noch zum Friseur.

Situation 6

● Hast du schon die Torte probiert?
● Nee, noch nicht.
● Ich gebe dir ein Stück. Ja? Möchtest du noch ein Glas Cola?
● Ja, gern!

Situation 7

● Hast du den Aufsatz für Deutsch fertig?
● Ja, sicher! Ich hab' ihn bis Mitternacht geschrieben! Und du?
● Ich auch. Die Lehmann wird mich bestimmt abfragen. Ich hab' schon zwei Vieren.

Test 3 – Aufgabe 2

Deine Klasse organisiert einen Ausflug. Dein Freund Lukas ruft dich an und hinterlässt dir eine Nachricht auf dem Anrufbeantworter. Du hörst den Text zweimal. Hör gut zu und notiere die Informationen!
Für jede richtige Information bekommst du 1 Punkt.

Hallo! Hier Lukas. Am Dienstag, den **16.** Mai machen wir einen **Fahrrad**ausflug mit einem Picknick im **Wald**. Das wird bestimmt toll! Wir treffen uns um **9 Uhr** vor der Schule. Sei bitte pünktlich! Leider fahren nicht alle mit. Klaus ist krank und Marias Fahrrad ist kaputt. Mit uns fahren noch 2 **Lehrer**. Du solltest nur ein Pausenbrot mitnehmen und etwas zum Trinken. Ruf mich unbedingt an. Ich habe eine neue Telefonnummer, und zwar: **833 47 38**. Ciao!

Test 4 – Aufgabe 1

Lies Aufgabe 1 gut durch. Du hast 30 Sekunden Zeit dafür.
Du hörst 7 verschiedene Texte nur einmal. Welcher Text passt zu welchem Bild? Schreib die Nummer des Textes in das Kästchen unter dem Bild.
Achtung: Es gibt ein Bild zu viel. Schreib „0" dorthin!
Für jede richtige Antwort bekommst du 1 Punkt

Situation 1

● So was hat niemand erwartet. Neumann ist wieder an der Spitze, aber gleich dahinter ... Nieselbaum. Zwei Runden sind noch zu fahren. Also alles ist noch möglich.

Situation 2

● Zum Teufel noch mal! Ich sehe gar nichts. Mach doch das Licht an!
● Wo ist denn der Lichtschalter? Links oder rechts?
● Links.
● Ach, verdammt, schon wieder kaputt.

Situation 3

● Mensch! Guck mal: der Preis! Wer gibt dafür schon 1000,- Euro aus?
● Jungs! Was wollt ihr denn hier?
● Wir schauen uns doch nur die Sachen an.

Situation 4

● Warum hast du keinen Schal und keine Handschuhe mit?
● Ich habe gedacht, dass es wärmer wird!

Situation 5

● Was machst du denn? Bleib stehen, es ist schon Rot!

Situation 6

● Was hätten Sie gern?
● Was möchtest du Paul?
● Eis mit Schlagsahne und Limo.
● Also gut, zweimal Eis mit Schlagsahne, Limo, und für mich Kaffee.

Situation 7

● Martin! Komm doch bitte und deck den Tisch! Das Mittagessen ist fertig.

Test 4 – Aufgabe 2

Deine Feundin Laura besucht dich in Deutschland. Sie ruft dich an und hinterlässt dir eine Nachricht auf dem Anrufbeantworter. Du hörst den Text zweimal. Hör gut zu und kreuze die jeweils richtige Antwort (**A**, **B** oder **C**) an!
Für jede richtige Antwort bekommst du 1 Punkt.

Hallo! Hier Laura. Du, ich möchte dir eine wichtige Nachricht hinterlassen. Ich freue mich sehr auf meinen Besuch bei dir. Es ist schön, dass wir beide Winterferien haben. Ich komme **am 20. Januar zu dir, mit meinem Vater**, wahrscheinlich **mit dem Auto**. Wir fahren früh am Morgen los und kommen **am Abend** an. Wir können aber leider nur **eine Woche** bleiben, weil wir noch nach **Berlin** möchten. Für Mama möchte ich ein Souvenir kaufen. Ach ja, noch etwas! In Hamburg ist es ja dann ziemlich kalt, oder? Da muss ich alle meine warmen Klamotten **in den Koffer** reinkriegen. Also, bis bald. Tschüs!

Test 5 – Aufgabe 1

Lies Aufgabe 1 gut durch. Du hast 30 Sekunden Zeit dafür.
Du hörst 7 verschiedene Texte nur einmal. Welcher Text passt zu welchem Bild? Schreib die Nummer des Textes in das Kästchen unter dem Bild.
Achtung: Es gibt ein Bild zu viel. Schreib „0" dorthin!
Für jede richtige Antwort bekommst du 1 Punkt.

Situation 1
- Für heute ist es genug!
- Steffen! Bring ihm Wasser!

Situation 2
- Das macht 7 Euro 69.
- Danke. Zwei Euro einunddreißig zurück!
- Danke schön!

Situation 3
- Steffen, wach auf! Es ist schon sieben!
- Bitte, noch fünf Minuten!
- Erst fünf, dann zehn und dann bist du wieder zu spät dran!

Situation 4
- Mama, gibt es keine Cola mehr?
- Doch, aber im Schrank unten.

Situation 5
- Steffen, wir gehen Pizza essen. Kommst du mit?
- Nein, jetzt nicht.

Situation 6
- Steffen, bist du schon fertig?
- Ja, Frau Müller. Ich hab' die Lösung schon.
- Dann komm bitte an die Tafel!

Situation 7
- Stille Nacht, heilige Nacht, alles schläft, einsam wacht, nur das traute hochheilige Paar ...

Test 5 – Aufgabe 2

Dein Freund Peter bekommt Besuch aus Deutschland. Er bittet dich um Hilfe. Peter ruft dich an und hinterlässt dir eine Nachricht auf dem Anrufbeantworter. Du hörst den Text zweimal. Hör gut zu und notiere die Informationen!
Für jede richtige Information bekommst du 1 Punkt.

Hallo, hier Peter. Diesmal muss ich dich um Hilfe bitten. Mein **Cousin Max** aus Bonn besucht mich am **12.** September, also morgen. Ich freue mich schon sehr auf ihn. Ich soll ihn vom **Flughafen** abholen, denn meine Eltern arbeiten dann noch. Können wir das zusammen machen? Das wäre toll! Ich schlage vor, wir treffen uns um **14 Uhr** bei mir. Ach, und noch was. Vor der Fahrt zum Flughafen kaufen wir noch am Kiosk die **Fahrkarten** für uns und eine für Max, meine **Eltern** zahlen natürlich für alles. Und noch was Nettes: Meine **Mutter** hat mir auch noch Extrageld gegeben. Zusammen mit Max gehen wir **Pizza** essen. Ruf mich bitte an, ob du Zeit hast, mit mir zum Flughafen zu fahren. Tschüs!

11. Bibliografie

Bolton, Sibylle (1996): *Probleme der Leistungsmessung. Lernfortschrittstests in der Grundstufe.* München: Langenscheidt

Doyé, Peter (1988): *Typologie der Testaufgaben für den Unterricht Deutsch als Fremdsprache.* München: Langenscheidt

Goethe-Institut (Hrsg.) (1991 a): *Prüfung Grundstufe I (G I). Prüfungsordnung, Durchführungsbestimmungen, Bewertungsbestimmungen.* München: Goethe-Institut

Goethe-Institut (Hrsg.) (1991 b): *Prüfungsmaterialien für Deutsch als Fremdsprache. Abschlussprüfung Grundstufe für Jugendliche.* Information für Lehrer und Prüfer. München: Goethe-Institut

Goethe-Institut (Hrsg.) (2004): *Fit in Deutsch – Handbuch. Prüfungsziele. Testbeschreibung*: München: Goethe-Institut www.goethe.de / lrn / prj / pba / ft1 / deindex.htm

Europarat (2001): *Gemeinsamer europäischer Referenzrahmen für Sprachen: lernen, lehren, beurteilen.* München: Langenscheidt

Glaboniat, Manuela. u a. (2005): *Profile deutsch.* München: Langenscheidt

Kleppin, Karin (1997): *Fehler und Fehlerkorrektur.* München: Langenscheidt

Neuner Gerhard, Krüger Michael, Grewer Monika (1990): Übungstypologie zum kommunikativen Deutschunterricht. München: Langenscheidt

ÖSD-Prüfungszentrale: *Übungsmaterialien zur ÖSD-Prüfung KID – 1 Kompetenz in Deutsch 1.* Bd. 1. Wien, ÖSD-Prüfungszentrale, www.osd.at

TELC – The European Language Certificates / WBT Weiterbildungs-Testsysteme GmbH: www.sprachenzertifikate.de